U0029055

大地藝術祭
越後妻有三年展 里山藝術巡禮
2018
OFFICIAL GUIDEBOOK

『人類就在自然之中』

在日復一日同樣的生活下,

或許你也常忘記那些感到疑惑的事物吧。

然而, 人生並非一路坦途或所有事物都是均質的,

人們應該都明白這個道理。

旅行讓人重新發現這些。

明明應該已經看膩了的在小螢幕裡塞滿的資訊與刺激的世界,

沒想到充滿驚奇超乎想像。

讓人眼睛睜不開的耀眼陽光與熱力,

風吹拂過草木沙沙作響的聲音與氣味。

與任何人的交流, 入口的所有食物,

都是全新的體驗。

只屬於自己的體驗, 只屬於自己的回憶。

旅行是自己開啓的大門。

位於新潟縣南邊的十日町市、津南町,

在連綿不絕的里山與梯田的綠意中, 人們回歸自然。

夏天沐浴在陽光下, 冬天深埋豪雪中的這片大地,

往昔是逃避戰亂的人們開墾田園、建立村落的地方。

越後妻有地區累積了人們的睿智。

為了在條件嚴苛的自然環境中生存, 人們使盡渾身解數,

無論是智慧與技術、心願與祈禱,

全都體現在田園、林地與日常生活中。

人們的日常生活與出生時的原始風景, 這些美麗豐饒,

以及廣闊的大自然,

全都想讓來自都會的外地人也認識。

現代化的浪潮殘酷地襲捲了這個地方。

有些人離開，留下來的人老去。

然而藝術為越後妻有注入新的氣息。

創作者貼近這裡的居民所創作的藝術作品，

讓梯田與里山的價值重新發光發熱。

人們也體會市鎮上滿是豐富的資產。

來訪的旅人增加了，新的交流產生了，

人們迫不及待藝術祭活動的來臨。

藝術進入這個地區近20年了，

今年越後妻有即將迎接第7屆藝術祭。

來一趟旅行吧。

拜訪這處藝術與自然共存的美麗地帶。

北川富朗
(越後妻有大地藝術祭　藝術總監)

今年夏天，越後妻有大地藝術祭即將舉行第7屆。隨著新會期逐次展開，從海外來訪的旅客也逐漸增加，而終於在本屆也出版了繁體中文版導覽手冊，這實在讓人相當欣喜。

這次會期中，來自台灣的藝術家林舜龍與幾米都發表了新作品，香港與越後妻有的交流據點香港部屋也全新開幕。

我的著作《北川富朗大地藝術祭：越後妻有三年展的10種創新思維》，在日本出版半年後就出版了繁體中文版，我相當佩服在台灣從事地方創生事業與藝術相關的人士的熱情。台灣各地開始進行透過藝術讓地方重生的計畫，許多人不只造訪大地藝術祭，也前來「瀨戶內國際藝術祭」參觀交流，讓我非常感謝。

大地藝術祭，讓集中在大都市生活，苦於市場第一主義與均質化主義的人們，得以在鄉間以全人五感全開的方式，和大自然與鄉間的生活文化親近，並形成一股潮流。這處里山鄉間地區，是處於全球性的金融資本主義與效率化取向之中，長久以來的生活文化遭到連根拔除的地方。藝術家來到這個地方，發現這地區的資源與特色，在當地人的協助下，創作出突顯這塊土地特色的作品。能讓藝術作品走出美術館與藝廊，讓藝術家面對嚴苛的現代文明中課題重重的地方，懷抱勇氣創作出作品來的，也只有大地藝術祭了。藝術因為具有各種可能性沒有偏限，並且需要工夫與時間，反而因此將人們牽繫在一起。從台灣與香港前來的人們與其他國家的人們站在一起，支持以大地藝術祭為首的幾個藝術祭。

希望以大地藝術祭為契機，即使是嚴冬豪雪時期，海外能有更多人造訪四季色彩豐富的越後妻有。

Contents

越後妻有大地藝術祭2018

會期	2018年7月29日 (週日) ～9月17日 (週一, 假日) ※共51天
開放時間	10:00～17:30 (因展場而異, 請參考分區資料)
會場	越後妻有地區 (新潟縣十日町市、津南町) ※760平方公里
展示作品	378件 (包括歷屆製作的永久作品206件)
展出藝術家	44個國家與地區, 335組
	(包括新參與的29個國家與地區、165組)

主辦	大地藝術祭執行委員會
共同主辦	NPO法人越後妻有里山協働機構
名譽執行委員長	新潟縣知事
執行委員長	關口芳史 (十日町市長)
副執行委員長	津南町長
製作	福武總一郎 (公益財團法人福武財團理事長)
總監製	北川富朗 (藝術總監)
創意總監	佐藤卓 (創意設計)
官方支援團隊代表	高島宏平 (Oisix大地株式會社代表取締役社長)

相關洽詢	大地藝術祭執行委員會事務局
	Tel: 025-757-2637　email: info@echigo-tsumari.jp

★本書基於2018/5/18日之前的資料製作
★發行後有任何更新情報, 將於大地藝術祭公式HP (www.echigo-tsumari.jp) 公布。
★本書刊載之活動與巴士行程, 可能因為天候或交通狀況有所更動, 請隨時注意公告。
★最新情報除了可於大地藝術祭公式HP查詢, 也可在現場的綜合旅遊中心與旅遊服務中心洽詢。

里山藝術巡禮概要

「越後妻有大地藝術祭2018」在
比東京23區（約620平方公里）還廣闊的里山地區展開，
佔地約760平方公里的地區分成七個區域，約有380件作品展示其中。
快來享受這片大自然，進行愉快的藝術之旅吧。

廣域地圖

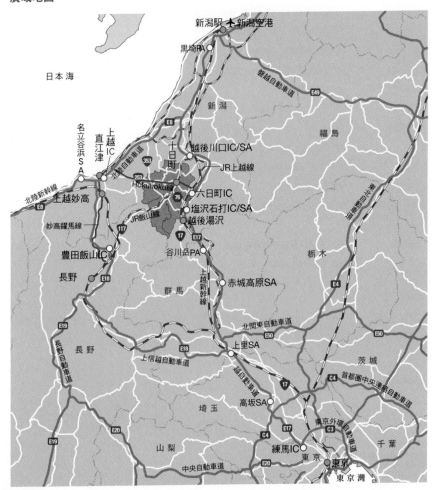

越後妻有全域地圖

如何前往越後妻有

越後妻有地區位於新潟縣南側，
可搭乘汽車、電車、飛機等交通工具抵達，
所以可以視個人旅遊目的選擇交通方式。

 汽車

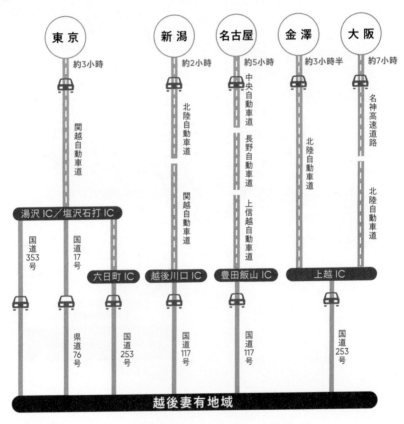

利用休息區、服務區享受充實的旅程

如果從東京、新潟市內前往越後妻有可行駛關越道，從大阪、金澤可利用北陸道，高速公路的休息區（SA）、服務區（PA）提供包括餐飲在內的充分服務。開車途中的休息時間也是旅行的一部分，在此介紹幾處特色休息區，一定要愉快享受旅程。

※下列休息區、服務區皆有販售藝術祭鑑賞護照（P50）
※關越道·谷川岳PA[上行]、鹽澤石打SA[上行]，北陸道·名立谷濱SA[上行]均有販售藝術祭周邊商品（P236）

關越道

高坂SA [下行]	人氣的「東松山味噌豬勝丼（豬排丼）」等使用埼玉當地食材的餐點很受歡迎。使用狹山茶製造的「茶園之月」等當地土產也很齊全。上下線可以步行往返。
上里SA [下行]	可享受運用大量當地食材作的絕品美食，提供使用上里產麵粉製麵條的肉湯烏龍麵與上里拉麵，賣店也售有首都圈的多種土產。
赤城高原SA [下行]	推薦餐廳「水澤天婦羅烏龍麵」，此外還有很多使用群馬縣產食材的餐點。烘焙食品區的大波蘿麵包極受歡迎。
谷川岳PA [下行]	服務區內有谷川的六年水供人汲取，賣店還有販售裝水容器。穩居人氣第一的餐點是「谷川岳名物 燉內臟定食」（下圖右）。進關岳道隧道前來此休息一下吧。
鹽澤石打SA [下行]	雖然是個容易錯過的小型服務區，不過人氣很旺。使用南魚沼產的鹽澤越光米的「鹽飯糰」和當地的「石打饅頭」頗受好評。
越後川口SA [下行]	請務必試吃新潟名物「框飯」，使用雪室咖啡製作的「雪室咖啡霜淇淋」也很推薦。
越後川口SA [上行]	新潟縣內最大休息區。最受歡迎的是當地名物「小千谷片木盒蕎麥麵」（下圖中），還設有烘焙區與現做可麗餅的攤位。春至秋季可以在此地瞭望台眺望雄偉的信濃川。

北陸道

名立谷濱SA [下行]	可以看到日本海就在眼前，天氣良好時可以看到佐渡島，推薦「YASMOCCA特製拉麵」「名立特製海老高湯潮騷拉麵」。富山縣的土產也很齊全。
黑埼PA [上行]	「黑埼特製唐揚（炸雞）定食」（下圖左）很受歡迎，賣店的新潟銘菓很齊全，還有販售黑埼茶豆與新潟米的新品牌「新之助」。

✈ 🚄 飛機・電車

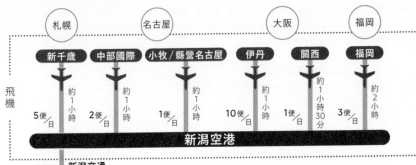

飛機

札幌	名古屋		大阪		福岡
新千歲	中部國際	小牧／縣營名古屋	伊丹	關西	福岡

5便／日 約1小時	2便／日 約1小時	1便／日 約1小時	10便／日 約1小時	1便／日 約1小時30分	3便／日 約2小時

新潟空港

🚌 新潟交通
利木津巴士
25分

電車

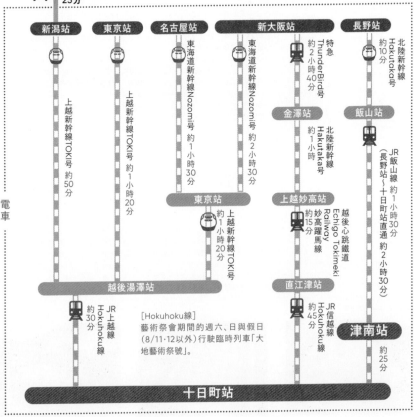

新潟站	東京站	名古屋站	新大阪站		長野站

上越新幹線TOKI號 約50分

上越新幹線TOKI號 約1小時20分

東海道新幹線Nozomi號 約1小時30分

東海道新幹線Nozomi號 約2小時30分

特急Thunder Bird號 約2小時40分

北陸新幹線Hakutaka號 約10分

金澤站

北陸新幹線Hakutaka號 約1小時

飯山站

東京站

上越新幹線TOKI號 約1小時20分

上越妙高站

越後心跳鐵道 Echigo Tokimeki Railway 妙高躍馬線 約15分

JR飯山線 約1小時30分（長野站～十日町站直通 約2小時30分）

越後湯澤站

JR上越線 Hokuhoku線 約30分

直江津站

JR信越線 Hokuhoku線 約45分

津南站

約25分

[Hokuhoku線]
藝術祭會期間的週六、日與假日（8/11・12以外）行駛臨時列車「大地藝術祭號」。

十日町站

前往各區間與設施的交通時間

長岡方面

至關越自動車道·越後川口I.C.

至北陸自動車道
柏崎I.C.

252 車：50分

NAKAGO GREEN PARK

下条旅遊中心

產土神之家

車：20分

下条站

車：10分

金澤·直江津方面

至北陸自動車道
上越I.C.

403

魚沼中条站

車：15分

車：15分

117 十日町站～KINARE間

徒步：10分

253 車：60分

松代站 車：35分

253

十日町站

越後妻有里山現代美術館
[KINARE]

奴奈川校園

松代「農舞台」

253 車：25分

列車：10分

車：25分

車：15分 車：20分

KYOORO

土市站

伊達

253

車：20分

車：25分

MION NAKASATO

上湯

車：15分 353 車：25分

117

至關越自動車道
六日町I.C.

徒步：10分 松之山温泉 車：5分

越後水澤站

車：30分

車：20分 越後田澤站

車：25分 TOYAZAWA旅遊中心

山崎

76

大澤隧道

大嚴寺高原

車：15分

MOUNTAIN PARK津南

津南站

車：10分

清津倉庫美術館

至關越自動車道
鹽澤石打I.C.

車:20分 大割野十字路口

津南綜合旅遊中心

353 車：20分

徒步：20分

森宮野原站

117

至關越自動車道
鹽澤石打I.C.
湯澤I.C.

車：60分 車：10分

上鄉劇場館

群馬·東京方面

至上信越自動車道
豐田飯山IC

長野方面

車：30分

405

秋山鄉

i = 藝術祭綜合旅遊中心

i = 旅遊詢問中心

詳情請參考作品導覽的各區介紹

至 志賀高原

十日町NAVI

除了可以檢索大地藝術祭作品所在地點資訊，
還可以搜尋宿泊設施、加油站與餐飲店等情報
的方便APP。

Andorid

iPhone

23

行程情報

官方旅行行程　　透過官方行程參觀藝術祭（P42）

涵蓋了話題新作與豐富的飲食文化，以及提供使用當地食材的午餐，富含越後妻有魅力的官方旅行行程。從車窗欣賞風景也是一大樂趣，可以在河階台地看到起伏劇烈的大地、為了在里山生活所下的工夫與創意、在山間川流不息的大小河流，賞心悅目。

預定日期：　　藝術祭會期間，每一行程一日一回。
行程費用：　　大人、兒童均為每人9,800日圓（包括午餐與日語導覽）　※鑑賞護照費用另計
最少成行人數：2名（每團人數為40人）
主辦・洽詢：　越後交通株式會社
預約報名：　　大地藝術祭公式HP／越後交通株式會社　www.echigo-kotsu.co.jp（「行程預約」）
　　　　　　　☎0258-29-1515

　鮭魚溯溪路線
　　　　　　　~信濃川・河階台地篇~

越後湯澤站東口（9:30發車）~十日町站西口（10:20發車）

徐冰《背後的故事》(P61)

NAKAGO GREEN PARK「里山藝術動物園」(P74)、
「野投—Spectrum展」(P76)等

越後妻有里山現代美術館[KINARE]
（林羅德・厄利什《Palimpsest》、
「2018年〈方丈記私記〉」展等，P88~）

日比野克彥《喫茶TURN》
Kodue Hibino《十日市集》(P96)

鉢&田島征三 繪本與樹木果實美術館(P108)

托比亞斯・普提《太田島公園》(P105)

幾米《Kiss & Goodbye・記憶信箱》(P106)

達米安・奧爾特加《Warp Cloud》(P114)

越後妻有「上郷劇場館」(P118)
香港部屋(P122)

C・波爾坦斯基《最後的教室》
C・波爾坦斯基《影子劇場》(P148)

　羚羊山間路線
　　　　　　　~里山・土木篇~

越後湯澤站東口（9:30發車）

馬岩松／MAD Architects《潛望鏡》《光洞》(P134)
越後妻有清津倉庫美術館[SoKo](P136)
磯邊行久「信濃川水路計畫」(P138)
磯邊行久《虹吸引水紀念碑》(P128)
奴奈川校園(P166~)

鞍掛純一＋日本大學藝術學部雕刻組及志工
《脫皮之家》及星峠的梯田(P174)

松代商店街（金氏徹平、摩尼爾・范特米、
阿岱爾・阿德斯梅、豐福亮等，P188）

松代雪國農耕文化村「農舞台」(P190)

越後妻有里山現代美術館[KINARE]
（林羅德・厄利什《Palimpsest》、
「2018年〈方丈記私記〉」展等，P88~）

日比野克彥《喫茶TURN》
Kodue Hibino《十日市集》(P96)

24

午餐
產土神之家(P59)
越後信濃川BAR《米飯秀》(P92)
上鄉劇場館餐廳《北越雪譜》(P119)
*三所餐廳擇一

米飯秀　　產土神之家　　上鄉劇場館

十日町站西口(約18:10抵達) *也可在KINARE下車
越後湯澤站東口(約19:15抵達)

午餐
奴奈川校園・TSUMARI KITCHEN
(米澤文雄主廚監修, P167)

TSUMARI KITCHEN

十日町站西口(約17:50抵達) *也可在KINARE下車
越後湯澤站東口(約18:45抵達)

上越妙高站起訖的官方旅遊行程
另可考慮8月、9月的週六、日限定,自上越妙高站、高田站發車的官方旅行。
對於自關西與北陸前來越後妻有旅行的人更加便利。
預定行程:從日本海出發的 **鮭魚溯溪路線**│8月每週六、9月每週日
　　　　　從日本海出發的 **羚羊山間路線**│8月每週日、9月每週六
　　　　　*各行程的參觀景點或者餐點內容,皆與越後湯澤站發車的行程相同。

以下尚有幾家旅行社也辦理大地藝術祭官方旅行,可視需求尋找適合的旅行社與行程。
[旅行社一覽]
asoview!(アソビュー)
エースJTB
JRびゅう
豊和旅行:提供中文服務,台灣、香港、中國旅客可多加運用。
日本旅行 赤い風船
各旅行社準備的行程與預約服務,請參考大地藝術祭官方HP。

區域巴士行程

以十日町西口、松代站與津南站三處為起點,會在作品展示處附近停留的迷你行程,每日運行。
因為是約半天的行程,所以可以與公共運輸組合,企畫自己喜歡的行程。
快來話題新作與人氣作品所在的聚落旅行!
(除了乘車券,也需有鑑賞護照[P50])

區域巴士行程　■=乘車場　○=停留處　▼=可中途下車的地方

1　川西行程

■ 十日町站西口(10:00/14:20發車)

○ 國松希根太
《記憶的痕跡與明日之森》(P81)

○ 艾哈邁德・奧古特
《漂移車》(P71)

○ 里山藝術動物園(P74)
野投—Spectrum展(P76)等

○ 詹姆斯・特瑞爾
《光之館》(P79)

○ 阿令・朗姜
《米》(P60)

○ 越後妻有里山現代美術館[KINARE]
(P88～)▼

○ 十日町站西口(12:55/17:15抵達)

2　十日町北行程

■ 十日町站西口(10:00/14:20發車)

○ 竹腰耕平
《十日町之木》(P64)

○ 枯木又計畫(P62)

○ 艾瑪・瑪利各
《地圍的哀歌》(P64)

○ 目
《Repetitive objects》(P65)

○ 納文・羅旺・庫
《赤倉學堂》(P100)

○ 越後妻有里山現代美術館[KINARE]
(P88～)▼

○ 十日町站西口(13:25/17:40抵達)

3　津南・上郷行程

■ 十日町站西口(10:00發車)

○ 津南綜合旅遊中心(10:30發車)

○ 安・漢密爾頓
《Air for Everyone》(P115)

○ 中谷Michiko
《河的對岸,呼喊船隻的聲音》(P117)

○ 王思舜/蔡國強
《幸福花》(龍現代美術館、P116)

○ 林舜龍
《跨越國境・絆》(P117)

○ 越後妻有「上郷劇場館」(P118)▼
香港部屋(P122)

○ 津南綜合旅遊中心(13:45抵達)

○ 津南站(13:50抵達)

4　松之山行程

■ 松代站(10:00發車)

○ 澳大利亞之家(P156)

○ 越後松之山「森林學校」
KYORORO(P150～)

○ 鹽田千春
《家之記憶》(P149)

○ 瑪莉娜・阿布拉莫維奇
《夢之家》(P155)等

○ 聖地牙哥・席拉
《黑色標誌》(P154)▼

○ 松代站(13:35抵達)

5　松代行程

■ 松代站(14:30發車)

○ 奴奈川校園(P166～)

○ 李咄
《醫生之家》(P177)

○ 大卷伸嗣《影向之家》(P181)

○ 川俁正+edition.nord
《Art Fragment Collection》
(P182)

○ 歐拉夫・尼可萊
《模糊晝光燈》(P184)
理查德・迪肯
《Mountain》(P183)、清水的梯田

○ 《桐山之家/BankART妻有2018》
(P185)等

○ 松代站(18:00抵達)

6　秋山鄉・中里行程

■ 津南站(14:20發車)

○ 津南綜合旅遊中心(14:25發車)

○ 田口行弘
《送水》(P115)

○ 島袋道浩
《石垣田作品》(P127)等

○ 達米安・奧爾特加
《Warp Cloud》(P114)

○ Casagrande & Rintala建築事務所
《POTEMKIN》(P142)

○ 內海昭子
《為了無數失去之窗》(P141)

○ 十日町站西口(17:35抵達)

※伍韶勁作品《25分鐘後》(P200)可在③津南・上鄉行程與⑥秋山鄉・中里行程裡從車上觀賞。
※十日町站可以欣賞日比野克彥《喫茶TURN》、Kodue Hibino《十日市集》(P96)等作品。
※⑥秋山鄉・中里行程從津南站上車的遊客請在津南綜合旅遊中心精算車資。

區域巴士乘車券

費用　大人3,000日圓,中小學生2,000日圓,3歲至學齡
　　以上幼童,一名幼童可免費由一名大人陪同。
※乘車券只限單一行程,單趟搭乘。
※除了部分停留處,其餘地方不可中途下車。
※各行程座位有限,乘車3日之前可預約。當日乘車券
　販售處請洽下列各點。

當日販售點
·1、2、3行程:大地藝術祭十日町綜合旅遊中心(P83)
·4、5行程:大地藝術祭松代綜合旅遊中心(P162)
·3、6行程:大地藝術祭津南綜合旅遊中心(P111)
※各行程出發前1小時開始販售。

洽詢
·十日町市觀光協會
　☎025-750-1277

 租車

利用電車的旅客建議可以在車站附近租車,只是
山路駕駛要當心。

十日町站周邊
·駅レンタカー 十日町營業所
　十日町站西口徒步1分　9:00～18:00
　☎025-752-2230
·トヨタレンタリース新潟 十日町店
　十日町站西口徒步1分　8:00～20:00
　☎025-752-6100
·美雪レンタカー
　十日町站西口徒步3分　7:30～20:00
　☎025-757-0008
津南町
·津南スズキ
　津南綜合旅遊中心徒步2分(津南站徒步19分)
　7:00～19:00
　☎025-765-2116
越後湯澤駅周邊
·駅レンタカー 越後湯澤站前營業所
　後湯澤站出口右側 ビジターセンター內
　8:00～19:00
　☎025-785-5082
·トヨタレンタリース新潟 越後湯澤站前店
　越後湯澤站西口徒步1分　8:00～20:00
　☎025-784-1003
·ニッポンレンタカー 越後湯澤營業所
　越後湯沢駅東口徒步5分　8:00～19:00
　☎025-785-5300

 路線巴士

這是當地居民主要搭乘的路線公車,推薦給喜歡
悠閒從車窗看風景的遊客。

洽詢
·越後交通十日町營業所(十日町～川西線)
　☎025-757-2103
·東頸巴士(十日町～松代～松之山溫泉線)
　☎025-599-2312
·南越後觀光巴士(十日町～中里～津南線)
　☎025-765-3647(津南營業所)
※詳情請上網檢索「十日町市公共交通マップ」「津南
町公共交通マップ」

 自行車

市街地和車站附近騎自行車也很方便,在里山裡
迎著風騎自行車很舒暢。但是沒鋪設的道路騎自
行車有些危險。另外是徒步與使用自行車的旅客,
大熱天請務必當心。

利用時間
9:00～17:30(只有MION NAKASATO提供服務至16:00)
費用
·普通車　300日圓／日(只在大地藝術祭十日町綜合旅遊中心)
·越野自行車　500日圓／日
·電動車　1,000日圓／日
※無需預約,現場租借
※請在使用時間內到借車處還車
借車場所
·大地藝術祭十日町綜合旅遊中心(P83)
·大地藝術祭松代綜合旅遊中心(P162)
·大地藝術祭津南綜合旅遊中心(P111)
·松代雪國農耕文化村「農舞台」(P190)
·MION NAKASATO(十日町市宮中己4197)

計程車

對當地最了解的司機大哥是旅行中最強的依靠,
也可以在閒聊間獲得當地情報喔。
洽詢
·十日町交通　　　　　　☎025-752-3146
·十日町タクシー　　　　☎025-752-3184
·明石交通　　　　　　　☎025-757-3360
·昭和交通　　　　　　　☎025-768-2237
·十日町タクシー田沢營業所　☎025-763-2366
·東部タクシー　　　　　☎025-597-2254
·森宮交通　　　　　　　☎026-987-2736
·十日町タクシー津南營業所　☎025-765-5200

快速掌握藝術祭
重點Q&A

終於決定要去參觀藝術祭了，可是對活動卻一無所知……
在此一次解答所有初訪藝術祭旅客的常見問題，
就算是已參加多回的熟客也可溫習一下喔。

Q. 越後妻有是怎麼樣的地方呢？

**A. 這個里山田園地帶名稱原意為「最後的盡頭」，也是
人口外移且高齡化的大雪地帶（→P245）**

昔日沿著信濃川溯源而上尋求安居之地的先人，最後止步於險峻的山嶺
之前，於是說：就在這盡頭處待下來吧。他們於崩塌坡地開墾出梯田，種
植稻作營生，在山林間生活。在歷經高度經濟成長期之後，當地逐漸步
向人口外移且高齡化的困境。不過，2000年開始舉辦的大地藝術祭讓
人們重新發現這個地區的魅力，並吸引許多觀光客，為當地帶來活力。

Q. 最初的藝術祭是怎樣的呢？

**A. 大規模的國際性藝術展。除了藝術作品外更具多種魅力，
以參加藝術祭為目的旅人逐漸增加。**

有關藝術祭的起源，據說是距今100多年前的義大利威尼斯開始舉辦
的，世界各地均舉辦這類活動，每隔數年在美術館或各地方自治體舉
行，集合各國藝術作品並舉辦形形色色的活動，為展期間增添慶祝與熱
情款待的氣氛。因此來客除了前來參觀藝術作品，同時安排觀光行程的
人也不少。

Q. 大地藝術祭的特色是什麼呢？

**A. 遍覽里山風景同時能欣賞藝術作品。
不論是長途或短程的移動都是感動的旅程。**

多半藝術祭皆在美術館等建築設施內舉行，而大地藝術祭以面積比東
京23區還寬廣的里山為舞台，在空屋、廢校與田園展示作品。觀賞者
沿路探索錯落其間作品的同時，也有機會親近里山的大自然與當地的
文化與人們。這就是大地藝術祭的特色體驗。

Q. 如果只有一天的時間大概可以參觀多少作品？

A. 大約2～3個區域。
（若是特選巴士行程大約可參觀1～2個區域）

因為藝術祭期間在廣大的里山大約有380件作品展示，若要全部一一觀賞可能需要一週時間。然而即使沒有遍覽所有作品也可以充分享受旅程，愉快欣賞的訣竅是，打算看哪些作品或在何處品嚐美食可事先計畫好，不過最重要的還是在里山優閒度過時光，除了藝術作品，還可享受當地的溫泉與觀光名勝。

Q. 夏天的里山會不會很熱呀？

A. 白天雖然熱可是夜間有點涼意，
所以衣著還是要準備足夠。

夏天的越後妻有發生山區陣雨的機會不小，所以事先準備防曬的帽子、晴雨兼用的折疊傘、上衣、飲用水與防蚊噴霧是必須的。另外，有些作品參觀時必須脫鞋，所以最好穿著易穿脫與方便步行的鞋子。里山地區洗手間較少，如果見到廁所請多加使用。

Q. 除了上述幾點還有其他需要注意的事項嗎？

A. 因為作品設置在當地人生活的地方，
所以要遵守禮儀，遇到時微笑打聲招呼喔。

做為藝術祭舞台的里山地區，也是居住其中的人們長年累月開墾整理的重要地方。所以不要胡亂踩入人家的田裡或大聲喧嘩，並隨手帶走自己的垃圾，開車時遵守交通規則安全行駛。遇到當地人或來訪的旅人不忘友善問候，還有，對待大自然、動物與昆蟲也要像對待藝術作品一樣珍惜喔。

Q. 這次第7屆藝術祭有什麼觀賞重點嗎？

A. 大致可分成三個重點，
接著逐一介紹各自的特色吧。

1

除了欣賞藝術還可體驗
風土特色的兩種官方旅行套裝行程(P24、42)

官方旅行套裝行程精選本屆的參觀重點，包括首次公開的新作品，還有歷屆作品當中觀眾高度注目的人氣作品，附有可品味越後妻有魅力的紮實午餐，是趟舒適的行程。即使是炎熱的夏天，利用巴士長途移動也很舒暢。兩種套裝行程各有不同的藝術祭切入重點，即使只參加兩次旅行團也能充分體驗妻有地區。不僅適合初次參加藝術祭的旅人，苦惱於「作品好多旅行計畫好難擬訂……」的人，也非常推薦這兩種行程。

2

**參考日本中世文學代表性隨筆《方丈記》，
重新思索現代社會與藝術能發揮的作用（P32、90）**

因為全球化的影響，現今社會漸漸趨向追求效率至上與均質化，於是本屆藝術祭透過在越後妻有里山現代美術館［KINARE］舉辦的企畫展，「2018年〈方丈記私記〉～建築師與藝術家的四帖半半宇宙」，從各種領域點出這種情況與問題。參考鴨長明作品《方丈記》，從四帖半（四帖半張榻榻米）這個小空間展望世界，重新發掘因經濟發展而被犧牲的地方街町的真實魅力，各項企畫與提案展現了對於地方再生議題，藝術能發揮的作用。

「方丈」的原型之一，良寬的
五合庵（新潟縣燕市）

3

**擴大跨越國境、世代、
領域的網絡（P125）**

今年藝術祭已經邁向第7屆，各方面的網絡不斷擴大。最明顯的特點是，除了原本即有的澳大利亞，中國與香港從本屆開始也設立了正式的活動據點。在這種山野地區設置文化據點，可說是世界上少有的事。此外，藝術祭的志工組織「小蛇隊」與瀨戶內國際藝術祭的志工「小蝦隊」彼此間的協同合作也極具象徵意義，關係越來越深厚。

在現代生存的關鍵居然是日本中世時代！

關於企畫展「2018年〈方丈記私記〉」

打破窒息鬱悶時代的關鍵在「中世」——
以此為主題進行的展覽，是本屆藝術祭主要企畫之一的
「2018年〈方丈記私記〉～建築師與藝術家的四帖半宇宙」。
會場中滿布店舖與展示間等各種形式的「作品」，究竟有何目的呢？
來請教藝術祭的藝術總監北川富朗吧。

為什麼現在要呈現「中世」？

——本屆藝術祭的主要特色之一，是在越後妻有里山現代美術館［KINARE］舉辦
「2018年〈方丈記私記〉～建築師與藝術家的四帖半宇宙」。這項展覽以「中世」
為主題，為什麼在2018的現今會讓人想到「中世」呢？

　　在回答這個問題之前，讓我們先思考一下現今這個時代。目前世界上所有地區
都受到全球化的金融資本主義影響，外界要求人們抱持著效率化、合理化、均
質化的價值觀。另一方面，環境不斷遭到破壞，也許大多數人們明顯感受到地
球與人類發展正處於衰退期。

——的確有不少人認為活著很辛苦。

　　當然，在這種僵化的狀態下每天仍有新事物誕生，可是幾乎是運用科技創造
的虛擬風景。藝術也不例外。然而本質上並沒有什麼改變，也不會讓人覺得特
別期待。於是我們就在找不到出路的情況下，不得不思索生存的問題。我認為關
鍵和線索就在「中世」。

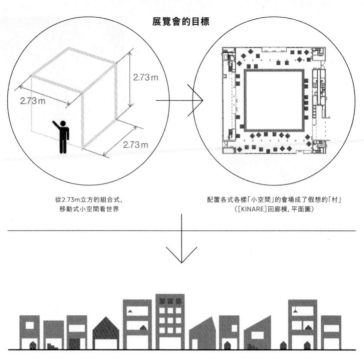

展覽會的目標

從2.73m立方的組合式、
移動式小空間看世界

配置各式各樣「小空間」的會場成了假想的「村」
([KINARE]回廊棟,平面圖)

將「小空間」移植至空屋、空店舖,讓社區活化

花點心思轉化這些線索成為實際作品

——「中世」是個怎樣的時代呢?

「中世」是個地震、火災、饑荒與戰爭頻仍的動亂時代,應仁之亂 (1467) 時河灘地堆滿了屍體。然而在這抑鬱消沉的時代卻產生了嶄新的文化。紀貫之 (生年為866或872,卒年不詳。日本平安時代前期歌人,《古今和歌集》的選者之一,三十六歌仙之一) 出生於名門貴族之家,於政爭中落敗,於是進行起屏風歌的創作,在屏風上貼上詩箋,以假名文字寫下和歌創作。而底層貴族鴨長明 (1155-1216),移居至四帖半 (方丈) 的草庵,當時寫下的隨筆《方丈記》,是從這狹小空間觀察當時動亂的世間。

T375
前田建設工業株式會社建築事業本部
建築設計統籌部〈方丈記「試機」〉
團隊的公募平面圖，將失去的自然環境化為標
本封閉起來，這是因應世界性環境危機設計的
方丈。

T369
東京藝術大學美術學部建築科藤村龍至研究室
〈A SHELTER OF THE DIGITAL〉
作品示意圖。經過數位加工的厚紙板可以組成
不同空間。可運用在咖啡廳、店鋪不同的用途
上。

——即使是不安定的社會也會產生文化，人們在此尋求生存之道。

　確實，這種潮流在江戶時代封建制度下達到臨界點，在小小的草庵五合庵中
接受隨喜施捨生活的良寬法師 (1758-1831) 承襲了此一傳統，他們全都對世間
有所不滿，但仍努力在這樣的環境中生存。接著時代來到二次大戰後，小說家堀
田善衛 (1918-1998) 寫下了《方丈記私記》，在舊有的價值觀遭連根鏟除崩解的
情況下，向「中世」尋求生存之道。因此我們也跟堀田一樣，在 2018 年的今日思
考自己的「方丈記私記」要如何呈現，這就是本回企畫的開端。

四帖半空間可以是賣店，也可以是三溫暖

——展覽的競圖徵集條件是「四帖半」楊榻米的空間。

　是的，不只是政治經濟環境，藝術與建築也受限於「均質空間」，因此以最極
端的「四帖半」來反思，自由思索極小空間能做什麼樣的反擊。在均質的、什麼
都沒有的地方，可以產生什麼樣的可能性。實際上這屆的徵件作品當中，除了有

T360

KIGI《YOIGOMA—The Standing Sake Bar》
作品示意圖。使用作者設計的酒杯飲用新潟當
地產日本酒的站立式酒吧。酒杯將在銀座的購
物中心GINZA SIX販售。

T359

CASAGRANDE LABORATORY
《Echigo-Tsumari Public Sauna》
作品示意圖。製作三溫暖，人們可以在蒸氣包圍
下沉浸於冥想中。

　　店舖、餐廳、展示間、工作室等提案外，還有三溫暖以及「北川富朗的人生相談室」
這類的計畫（笑）。店舖則招徠台灣雜貨的人氣商家「印花樂」、燕三条的鋤頭專
門鍛冶「相田合同工場」、咖啡與刨冰店。此外還有「家」的提案，像是前田建設
的建築團隊，就提出了將妻有的自然環境與街景關進封閉的玻璃方丈空間的書房
與寢室計畫。

——此外還有什麼樣的作品呢？

　　例如KIGI的作品是一座提供十日町・津南釀酒廠生產的酒類的酒吧，製作四種
不同大小的杯子，讓顧客抽籤或擲骰子決定用哪只酒杯，附的下酒菜備有數種，
希望讓客人能品味當地的飲食文化。

T366
向陽
〈TRANSFIGURATION HOUSE〉
將東洋風的舊家具再重組，希望打造引
發各種變貌的空間。

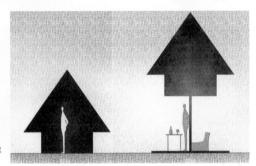

T370
度態建築
《上昇屋》
作品示意圖。建築可以上下滑動以
便人們進出室內的房子。

100年後形成村落

——將杯子當成作品展示，然後就結束了……藝術祭並不是如此，而是藉此牽起
人與文化的連繫。在展示的30件作品中特別推薦哪些呢？

不，從之前我就認為，不做點事的話就什麼都不會發生。為了能讓大地藝術祭
不斷持續，我們花了許多心思，當中也產生許多出乎意料之外的事。我不知道這
到底是怎麼改變的，但我認為正因為無法預期所以才有創造性。這種創造性就
是藝術的可能性。所以我希望藝術家與藝術相關工作者能更努力。

——所以斬釘截鐵說「這是注目焦點」反而無趣囉？

是的。因為只用眼前的價值觀來評斷一切，所以被人家說是「沒有半點用處」
「這很花錢吧」的反而引人注目喔（笑）。而各式各樣的「四帖半」空間聚集在一起，
我認為反而形成某個特殊「地帶」。

「2018年〈方丈記私記〉展」概要

徵集內容	一丈四方的空間與生活其中的人類活動的設計提案
評審委員	原廣司（建築師）、西澤立衛（建築師）、北川富朗（大地藝術祭藝術總監）
報名件數	248件
展出會場	越後妻有里山現代美術館[KINARE]
作品樣式	深、寬、高2.73m以內的小空間
展出件數	27方丈
主要參展者	Dominique Perrault Architecture、CASAGRANDE LABORATORY、KIGI、GRAPH＋空間構想、dot architects、伊東豊雄建築設計事務所等 →其他展覽作品詳情請參考P90

——對於這個展覽有什麼未來的展望嗎？

　　當然有的。「越後妻有方丈村百年構想」就是。目前老舊商店街面對的是非常困苦的狀態，無論是都市計畫或者再開發都看不出成效，十日町和津南也是一樣的狀況。因此，如果能將這些「四帖半」空間放在市街上空著的櫥窗或店舖二樓，不就能打造一個有趣的商店街了嗎？就這樣一點一點地移植到市街區域，如果能打造100個小空間，就會形成有趣的村落了。也就是說，雖然這回只在KINARE裡面展示，但也是地區活性化的新點子……如何？是否感受到什麼有趣的事會發生了呢？

小林武史
交響組曲《円奏彼方 (Beyond The Circle)》
～ based on 柴田南雄《川流不息》

組曲以昭和時期的代表性作曲家柴田南雄的《川流不息》為本，
由音樂家小林武史製作，配合「2018年〈方丈記私記〉」展舉行音樂會。
來了解一下小林武史心中的構想為何。

讓藝術祭呈現生命的循環

──截至目前為止，無論是大地藝術祭、瀨戶內國際藝術祭或者是自身主導的
Reborn-Art Festival (重生藝術祭，以下簡稱RAF)，小林先生參與過多場藝術
祭活動。就音樂人的身分而言，持續參與藝術祭的理由為何？

21世紀並沒有像經濟或軍事那樣巨大的力量影響，完全是摸索著自然的循環與共生問題，並於2003年成立了「AP Bank」。我們在此專心致力於環保問題為首的多項課題，然而一談到環境就會碰觸到專業議題，有其艱難之處。

後來發生了311東日本大震災，接著接觸到大地藝術祭的活動。讓我驚訝的是，北川先生真心深信「世界是由這些小地方發展經營而成」的姿態。他呼應土地的歷史以及包括動植物在內的所有生命推動某些活動，我對他這種姿態產生了共鳴。

透過經營運作RAF的活動，我逐漸感受藝術祭力量的強大。311大震災過後七年，受災地的人們在這段期間內依舊擺盪於希望與失望的複雜情況，因為經濟因素年輕人逐漸離開當地。然而，藝術或音樂可以透過不同於經濟的形式，產生生命的循環。RAF不只是當地人也是都會來的人們所共同孕育的生命循環。

──在本屆大地藝術祭當中所推出的〈方丈記私記〉企畫展相關節目，是改編自
昭和時期代表性作曲家柴田南雄的作品，合唱交響曲《川流不息》(1975)。

因為節目跟藝術祭有關，所以一開始就強烈想採用「組曲」形式，可以構築出包括微觀和巨觀角度在內的整體。發想的靈感來自去年瀨戶內國際藝術祭在犬

島精鍊所美術館的公演，那處設施是為了活化產業遺址而設置。雖然遺址刻畫著近代的負面歷史，但同時也具有自然力量的強韌，能讓經年累月殘存下來的場所得以再生。那次透過音樂演奏表現這兩面的特質，關於這次的活動北川先生說，不如製作組曲來配合活動吧。之後，我與柴田的女兒一同參加了奧能登國際藝術祭。

雖然我這次才認識了柴田先生的作品《川流不息》，但越深入理解越感受到這作品與現代的關連。樂曲主題的《方丈記》所書寫的是都城遭受災害與飢荒的亂世，作者鴨長明在那樣的世界裡看到「無常」，而人類在自然之中的存在有多渺小的觀點，直到今日仍舊很容易引發共鳴。然而這絕對不是悲觀而是很肯定的想法。柴田先生在自然災害以外還加上了20世紀的戰爭經驗寫下這部樂曲，我也繼承了這多層的思考，希望能在無常之中表現出希望的光亮。

小林武史在東京工作室附近的河邊

自然與電子元素共存的音樂

——與原曲不同的點有哪些？

柴田是位創作範疇寬廣的音樂巨人，原曲雖然是所謂的「現代音樂」，但我認為對一般參觀者而言不太好懂。於是我以自己的詮釋擴充並重新編曲，絕對不只是只想讓「音樂容易被理解」，而是試圖將原曲的元素擴充，並跨越難解的部分。

要說《川流不息》一曲最值得觀賞的地方，就是表演者邊行走邊演唱的劇場性演出 (Theater Piece)。本次的公演加入了更強化與土地連結的要素，另外也積極導入電子音樂的表現手法。

——自然與電子技術，乍看下似乎完全背道而馳呢。

我在某個時期之前也是這麼認為的，然而，現今人工智慧與智慧型手機日漸發展，近年來相對於人類的自我主義意識的產物，感覺就像自然與電子數位各自扮演的角色。舉例來說，智慧型手機的外語翻譯精確度不斷在提升。如果繼續進步的話，引發人類紛爭的語言方面的隔閡也會逐漸消弭吧。

演奏和音樂表演的時候，相對的自己是一種「觸媒」的意識十分強烈。不只是「這是我的音樂」，而是完全透過自己的指尖或耳朵與某處存在的事物連結，彷彿產生了共鳴。或許一般認為自然與電子元素是無法並列的，然而我想運用這些，讓柴田醇厚的想法與現代產生共鳴。我感受到這深切的意涵，朝著這方向努力製作。

——最後想請教，希望藉由表演讓觀賞的人開始思考什麼呢？

在我們平常的生活中，或許有過無法對抗某些巨大力量的經驗。曾感受過自己猶如宇宙中的泡沫或者濁流中的樹葉一般，所以不由得聯想到「無常」這個詞，雖然如此，我們所處的世界是如此多樣化，世界之大，到處充滿重新來過的契機。我們所生存的就是這樣的環境，想到這些就讓人不由得感到有趣。

生活在都會區，周遭環境有如媒體這巨大磁場的中心，所有事物都匯流其中，而凡事都以「易懂」與「引人注目」為優先。但在藝術嘗當中，我們可以感受與土地連結的樂趣與喜悅，我希望能提供不同的觀點或思想給住在都市的人們，讓這場演出帶給人們更大的生命喜悅。

攝影(P39)：山本AYUMI　採訪＋文：杉原環樹　　　　　　　　　　　　　　　　　　　(2018年2月於東京)

小林武史Profile
音樂家、音樂製作人。1980年代起經手多位代表性歌手的音樂製作工作，並擔任電影《燕尾蝶》《青春電幻物語》等電影配樂。2003年成立以環保為目標的融資團體「ap bank」，2017年開始在宮城縣舉行藝術、音樂與食文化的祭典「Reborn-Art Festival」。

關於柴田南雄作品《川流不息》

為世人創作出《追分節考》《關於宇宙》等多首合唱曲與交響曲，在日本現代音樂界留下豐功偉業的作曲家柴田南雄(1916-96)。柴田在戰後不久即開始發表作品，他除了是日本最早引進歐洲前衛音樂的人，也在音樂生涯中努力採集日本民謠，持續摸索運用民謠元素的方式。此外，他在1957年成立「二十世紀音樂研究所」，舉辦現代音樂祭等活動，可說是在日本推廣現代音樂的開拓者。他還灌注力量於音樂評論的工作，更在東京藝術大學等各個教育現場執教鞭，全力栽培年輕的音樂學者與作曲家。1982年獲紫綬勳章，1996年獲得政府授予勳二等瑞寶章。

為紀念昭和50年，柴田受中日新聞委託創作的合唱交響曲《川流不息》(1975年首演)，可說是他創作集大成的作品。由2部8個樂章所構成的本作品，引用了12世紀末描寫天地變異與社會不安樣貌的鴨長明《方丈記》內容。第1部(第1～5樂章)為古典浪漫派至70年代左右的前衛

音樂，集結了當時流行的音樂。而在第2部(第6～8樂章)，表演已不限於舞台上，走道與客席也成了舞台的一部分，活用劇場空間，導入了所謂「Theater Piece」的表現手法，讓戲劇的要素也加進音樂之中。特別是走下舞台的合唱隊對著聽眾歌唱的氣勢驚人的情景，顯現出有如遭受災害的動亂人世，這與現代應該也是共通的。柴田回顧充滿波瀾的昭和50年間，曾表示作品想表達的是「身為處於20世紀正中間半世紀的音樂家，嘗試著回顧日本作曲界與自身的音樂體驗」。

《川流不息》演奏風景

新作品、人氣作品以及美食之旅
透過官方旅行參觀藝術祭！
Illustration: nakaban

A：鮭魚溯溪路線
～信濃川・河階台地篇～

官方旅行之一，是沿著信濃川展開，從下游溯河而上的作品巡遊之旅。自河口的新潟市往越後妻有地區上溯的路程，是舊石器時代的人們使用的太古以來的通路。途中會經過河階台地區，岸邊一層層的河階台地殘留幾處繩文遺址。接著就抵達現今的里山聚落與市街鬧區。行程橫跨十日町北～川西～十日町南～津南等四個區域。

2 NAKAGO GREEN PARK P74

以草坪廣場為中心，設有「里山藝術動物園」（P74）、「野投－Spectrum展」（P76）等充實的戶外展覽。遠眺的景色也十分怡人。

1 徐冰 P61
《背後的故事》

以人們熟知的水墨畫作品為題材，運用皮影戲的手法創作的大型作品。這是架起日本與中國文化間橋樑的鉅作。

以「人類就包含在自然之中」的基本理念而展開的大地藝術祭，這次的官方旅行準備了兩套行程，除了參觀新作與人氣作品外，套裝行程還讓旅人能夠充分體驗越後妻有的自然特色。讓人感應到土地上所刻劃的人們記憶之藝術作品，成為遊覽越後妻有地區的路標，更真實感受當地風土特色。

3 越後妻有里山現代美術館[KINARE]　食 P88

藝術祭主要設施，並且設有餐廳、賣店與溫泉浴場，企畫展「2018年〈方丈記私記〉」(P90)也在此舉行。

4《喫茶TURN》《十日市集》　P96

日比野克彥與Kodue Hibino創作的新設施，除了展示兩位作者的作品、販售商品，也舉辦工作坊。

5 鉢&田島征三繪本與樹木果實美術館　P108

繪本作者田島征三透過「空間繪本」讓廢棄的小學重生。重新整理學校的桌椅，同時在這裡設置咖啡廳Hachi Café。

A:鮭魚溯溪路線
～信濃川・河階台地篇～

7 幾米 P106
《Kiss＆Goodbye・記憶信箱》

台灣最暢銷繪本作者幾米的作品，這是在當地車站設置藝術作品的「JR飯山線藝術計畫」之一。

6 托比亞斯・普提 P105
《太田島公園》

大小、形狀與色彩各異的塑膠管組合而成的作品，一邊玩水，一邊與孩子同樂吧。

8 達米安・奧爾特加 P114
《Warp Cloud》

猶如水滴一般將無數球體以線繩吊起，像窗簾那樣編織成形，是部寧靜的作品。展示會場是織物工廠的舊址。

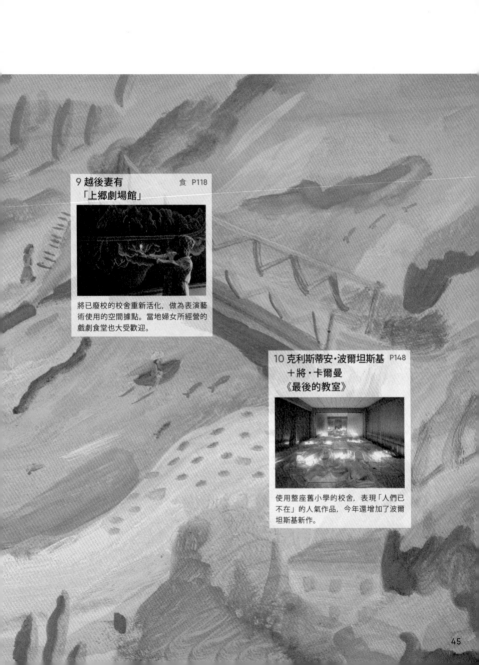

9 越後妻有 食 P118
「上鄉劇場館」

將已廢校的校舍重新活化，做為表演藝
術使用的空間據點。當地婦女所經營的
戲劇食堂也大受歡迎。

10 克利斯蒂安‧波爾坦斯基 P148
＋將‧卡爾曼
《最後的教室》

使用整座舊小學的校舍，表現「人們已
不在」的人氣作品，今年還增加了波爾
坦斯基新作。

45

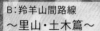

B：羚羊山間路線
～里山・土木篇～

另一個行程與上述行程呈現直角相交的路線。這趟行程幾乎都不是平地，有梯田、截彎取直後的新闢的瀨替田(P66)等等，可以感受到先人為了擴充耕地所做的種種努力所累積的歷史。此外還有隧道、水壩、發電廠等近代土木的遺跡。從橫跨中里～松之山～松代三個地區的行程，可以發現人類奮力經營的一面。

1 馬岩松／   P134
MAD Architects
《潛望鏡》《光洞》

將為了參觀當地觀光名勝清津峽而設置的「清津峽溪谷隧道」，改建為自然體感型設施的計畫。

2 磯邊行久越後妻有   P136
清津倉庫美術館［SoKo］

介紹與藝術祭關係極深的當代藝術大師磯邊行久自1950年代至今的活動，再現過去的代表作。

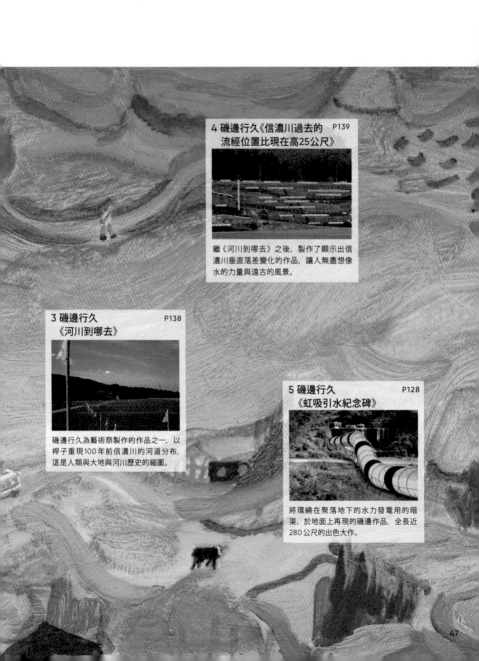

4 磯邊行久《信濃川過去的 P139
流經位置比現在高25公尺》

繼《河川到哪去》之後，製作了顯示出信
濃川垂直落差變化的作品，讓人無盡想像
水的力量與遠古的風景。

3 磯邊行久 P138
《河川到哪去》

磯邊行久為藝術祭製作的作品之一，以
桿子重現100年前信濃川的河道分布，
這是人類與大地與河川歷史的縮圖。

5 磯邊行久 P128
《虹吸引水紀念碑》

將環繞在聚落地下的水力發電用的暗
渠，於地面上再現的磯邊作品，全長近
280公尺的出色大作。

**7 鞍掛純一＋日本大學藝術學部 P174
雕刻組及志工團體《脫皮之家》**

將地板、牆壁與樑柱等古民宅的內側以雕刻刀深刻，這是「空屋計畫」極具代表性的作品。老房子四周的梯田也是絕景。

6 奴奈川校園　食 P166

廢校再利用的空間，可透過飲食、生活、遊戲與舞蹈來學習地區價值。午餐推出米其林三星主廚米澤文雄設計的官方旅行限定套餐。

8 松代商店街　P188

離松代站非常近的地方商店街，當地人們帶著微笑熱情接待。除了展示作品以外，週末或者中元節假日也舉辦市集及夜市。

10 林羅德・厄利什　P89
《Palimpsest》

除了越後妻有里山現代美術館[KINARE]的展示品，還有林羅德・厄利什（Leandro Erlich）新作，好好欣賞池底與水面吧。

9 松代雪國　P190
農耕文化村「農舞台」

在廣大而且作品羅列其中、有如「里山田野博物館」的農田裡的中心設施。透過梯田保育運動，串連起都市與地區的關聯。

藝術祭鑑賞護照

藝術祭參觀行程中不可或缺的是作品鑑賞護照。不僅比參觀時單場個別付費來得划算,
在餐飲店或溫泉設施還能享有優惠。可說是遊歷越後妻有全區必備。

持有藝術祭鑑賞護照的話……

可參觀、體驗　　　　　付費活動　　　　　越後妻有的文化設施、溫泉
所有作品、設施　　　　享有優待　　　　　與餐飲店有特別優惠

費用

一般	預售3,000日圓	
	現場3,500日圓	
高中・專校・大學生	預售2,500日圓	
	現場3,000日圓	
中學生以下	免費發送	

★可參觀所有作品與相關設施(有效期間:2018/7/29～9/17)
★一冊限一人使用
★每一件作品限參觀一次(第二次之後,出示鑑賞護照每件作品可享參觀費半價優惠,
　越後妻有里山現代美術館[KINARE]憑鑑賞護照可不限次數入場)
★遺失不補發,不退費
★各項活動有個別費用,憑鑑賞護照可享優惠

購買情報
●詳細情況可參考官網 www.echigo-tsumari.jp

作品個別參觀費用

各300日圓(以下設施除外)

各500日圓	產土神之家/《光之館》/越後妻有「上鄉劇場館」+香港部屋共通券/「森林學校」KYORORO/《夢之家》等上湯聚落作品共通券/奴奈川校園/《明後日新聞社文化事業部》等莇平聚落作品共通券/《Art Fragment Collection》
各800日圓	鉢&田島征三・繪本與樹木果實美術館/清津峽溪谷隧道《潛望鏡》+《光洞》/磯邊行久越後妻有清津倉庫美術館[SoKo]/《最後的教室》+《影之劇場》/松代「農舞台」
1,500日圓	越後妻有里山現代美術館[KINARE]
其他	《25分鐘後》在區域巴士行程(3・6行程)乘車時觀賞(P26)

*個別參觀費用在當天各作品或設施服務台支付。中學生以下請出示作品鑑賞護照(免費發送)。

本書使用方法

本書以舉辦藝術祭的2大區7個地方為中心，
解說展示作品與各區周圍的觀光、飲食情報。
請參考公式 HP (www.echigo-tsumari.jp) 最新訊息，
在參加藝術祭時活用書中內容。

主要施設·作品解說

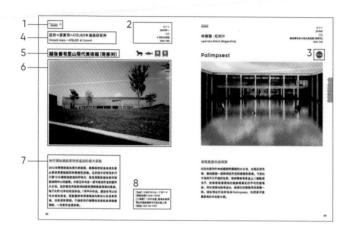

1 | 作品編號
2 | 製作年
3 | 各種標示
4 | 創作者名
5 | 作品名稱
6 | 作品圖
7 | 解說
8 | 相關情報

1 作品編號
作品鑑賞護照、導覽地圖上的編
號共通。以字母區分為不同區
作品（E代表活動，A代表廣域作
品）。加上 ★代表具有多件作品
的設施。（耳機符號）代表公式
APP（P238）收錄之作品

2 製作年
複數以上為併記

場所
作品設置的聚落與建築名稱

刊載地圖頁數

4 創作者名
中英對照且標示出身或居住國家、地區

5 作品名稱

6 作品圖
實物照或者示意圖

3 各種標示

（i）設有服務中心詢問處的施設

（NEW）2018年發表的新作品，或是舊作的新衍生系列

（魚）官方旅行「鮭魚溯溪路線：信濃川·河階台地篇」可參觀的作品。（若
有多件作品在同一設施，會在前面的設施介紹的頁面附上標誌，以
下同）

（鹿）同樣為官方旅行，「羚羊山間路線：里山·土木篇」可參觀的作品

（巴士）區域巴士行程參觀作品，有6種行程

7 解說
設施或作品的說明

8 相關情報
活動的舉辦概要，演出者、贊助或協力團體等，主要設施所
在地，還有開館時間、費用與連絡方式等（因為各設施的營
運時間不同，請參考各設施官網）

越後妻有特別推薦

本書越後妻有特別推薦的專欄,是除了藝術作品外,讓旅行更有趣的實用情報。這些都是過去參加過藝術季的人士票選出來的特別吸引人的飲食店、宿泊設施、商品、溫泉或觀光名勝,以及推薦者的嚴選體驗。歡迎參考,讓旅行更加充實。

[票選推薦者]以姓氏50音順排列
安藤美冬(自由作家)、岩渕貞哉(《美術手帖》編集長)、北川富朗(藝術總監)、小林沙友里(編輯)、田中里奈(模特兒)、中村翔太(銀座蔦屋Art Concierge)、編集部、前田エマ(模特兒)、間宮敦・間宮惠理(藝術祭常客的夫婦)

1　標誌
　　顯示為「越後妻有特別推薦」

2　場所
　　表示地址與位置,若無特定地點則不標示

　　刊載地圖頁數

　　推薦者

3　店名、商品名、地名

4　解說
　　對店舖、商品的說明,還有推薦人的評語

5　相關情報
　　店舖與設施的營業時間與電話等資訊,或者商品價格的簡單說明。

地圖凡例

- 🔵 國道
- 🟠 主要地方道路・一般縣道
- ◇ 道路狹窄處
- ⊗ 停止通行
- 📍 巴士站(路線公車)

- 🏠 作品(空屋計畫)
- 🏫 作品(廢校計畫)
- 🌙 夜間推薦
- 🛏 可宿泊作品
- 🍴 提供餐飲服務作品

- ☕ 咖啡館
- ① 飲食店・宿泊設施(P214〜227)
- 🅿 停車場
- WC 廁所

　　藝術祭作品鑑賞時間:10:00〜17:30
　　※與上述不同者,會在各作品頁面標註開館時間或參觀時間。

觀賞藝術祭

作品導覽
～信濃川·河階台地篇～

十日町北

川西

十日町南

津南

本屆藝術祭分成兩部分，共計七個地區。首先是沿著信濃川流域展開，遍覽十日町北、川西、十日町南、津南等四區的「信濃川·河階台地」之旅。來親近自古與人們生活關係密切的大河，以及大自然在地形上展示的強大力量，並且欣賞藝術作品吧。

十日町北地區

這是從信濃川以及沿著河岸行駛的JR飯山線，延伸至十日町市東北邊的山脈的地區。
探索作品的同時也能欣賞各處的梯田與聚落的風光。
古民宅改造的《產土神之家》（P58）所在的願入村，
JR下条站和神明水邊公園等作品集中處，
還有長期持續進行藝術計畫（P62）的枯木又也位於此地區。

附設餐廳的陶藝美術館
茅葺民宅改造而成的《產土神之家》

苦於人口外移與高齡化問題的越後妻有必須面對的
課題之一是空屋。藝術祭當中的「空屋計畫」將被棄
置的空屋透過藝術再生，《產土神之家》是其中之一。
以「陶瓷器」與「飲食」這兩個關鍵詞讓沉睡的土地
資源絕妙的復甦，成了這個地區的象徵之作。

另一個作品集中的區域
JR下条站至神明水邊公園

從《產土神之家》往信濃川方向，通過縣道往下走，
來到JR下条站至神明水邊公園的這區，展示有許多
作品。從車站往河邊方向走，可以看到旅客服務中心
的十日町市利雪親雪綜合旅遊中心，在這附近悠閒散
步也很愉快愜意。

山上的廢校在展期外仍持續藝術計畫
途中還有800歲的大杉樹

從JR下条站往南，經由國道轉向東往山上前進，就
到達枯木又。這裡是透過藝術讓廢校甦醒的「廢校計
畫」之一、正式展期外仍持續進行的《枯木又計畫》
的舞台。途中會遇見已經封閉的小貫聚落中的小貫諏
訪社，神社內的大杉樹推測樹齡有800歲。

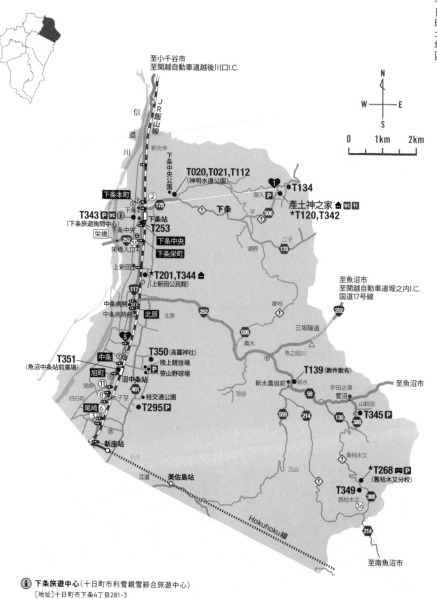

至小千谷市
至關越自動車道越後川口I.C.

N
W E
S

0　　　1km　　　2km

信濃川

JR飯山線

新光寺

下条中央公園
（神明水邊公園）
T020,T021,T112

顧入

T134

下条本町

下条

T343　P WC i
（下条旅遊詢問中心）
T253
下条站
下条中央

平

★**T120,T342**
産土神之家 🏠 WC 🍴

栄橋

栄橋入口
下条中央
下条栄町

二子

上新田

渡野

★**T201,T344** 🏠
（上新田公民館）

慶地

至魚沼市
至關越自動車道堀之内I.C.
國道17號線

中条病院
中条病院前

北原
北原

三坂隧道

轟木

魚之田川

T351
（魚沼中条站前廣場）
中条
T350（高羅神社）
陸上競技場
笹山野球場

旭町

沼中条站

池谷

新水農協前
新水

T139（戲件散布）

宇田之澤
菅沼

至魚沼市

山新田

太子堂
桂交通公園
T295 P

四日町

尾崎

新座站

三山

東枯木又

★**T268** 🏠 P
（舊枯木又分校）

T345 P

T349
西枯木又

江道

美佐島站

Hokuhoku線

至南魚沼市

ℹ️ **下条旅遊中心**（十日町市利雪親雪綜合旅遊中心）
　[地址]十日町市下条4丁目281-3
　[營業時間]10:00〜17:30, 會期間無休

本區可參觀作品

〈願入〉

*T120　產土神之家　改修設計＝安藤廣邦 Kunihiro Ando [Japan] (P58)

T121　風呂　澤清嗣 Kiyotsugu Sawa [Japan]

T122　灶　鈴木五郎 Goro Suzuki [Japan]

T123　表面波｜圍爐裡　中村卓夫 Takuo Nakamura [Japan]

T124　洗臉台　吉川水城 Mizuki Yoshikawa [Japan]

T342　空氣的形狀　安藤雅信 Masanobu Ando [Japan] (P59)

T134　胎盤—石神　古郡弘 Hiroshi Furugori [Japan]

〈下条站・神明水邊公園〉

T020　小屋—不要忘記聆聽—　伊藤嘉朗 Yoshiaki Ito [Japan]

T021　石魚　荻野弘一 Koichi Ogino [Japan]

T112　Butterfly Pavilion　多明尼克・貝洛 Dominique Perrault [France]

T253　下条茅葺塔　MIKAN＋神奈川大學曾我部研究室

MIKAN＋Sogabe Lab. Kanagawa University [Japan] (P65)

T343　米　阿令・朗姜 Arin Rungjang [Thailand] (P60)

〈上新田〉

*T201　妻有田中文男文庫　改修設計＝山本想太郎 Sotaro Yamamoto [Japan]

T200　天,知之光、天,知之光Ⅱ　羹愛蘭 Kang Airan [Korea]

T344　背後的故事　徐冰 Xu Bing [China] (P61)

T134

T112

〈新水〉

T139 魚板屋臉　開發好明 Yoshiaki Kaihatsu [Japan]

〈山新田〉

T345　十日町之木　竹腰耕平 Kohei Takekoshi [Japan] (P64)

〈枯木又〉

★T268　枯木又計畫 枯木又Project (P62)

　　　　T268　大地的記憶　內田晴之 Haruyuki Uchida [Japan] (P63)

　　　　T346　Transitory nature of earthly joy

　　　　　　　阿伯特・尤拿丹・斯提阿萬 Albert Yonathan Setyawan [Indonesia] (P63)

　　　　T347　教室　廣瀨菜菜＋永谷一馬 Nana Hirose & Kazuma Nagatani [Japan] (P63)

　　　　T348　友誼避雨樹　劉孝杰 Ryu Riketsu [China] (P34)

　　T349 環形小屋　吉野央子 Ohji Yoshino [Japan] (P63)

〈中条〉

T350　地圖的哀歌　艾瑪・瑪利各 Emma Malig [Chili / France] (P64)

T351　Repetitive objects　目 Mé [Japan] (P65)

〈八幡〉

T295　音之塔　亞奴沙巴狄 Anusapati [Indonesia]

A001　妻有路標　瓊澤・戴・格姆拉伊斯 José de Guimarães [Portugal]（地圖上的△）

T200

T295

製作年
2006年～
地點
願入
MAP: P55

產土神之家

當地婦女盛情款待, 陶藝的美術館

這棟 1924 年建築的茅葺屋頂民宅, 在 2004 年的中越大地震受災後成了空屋, 改建為陶藝美術館。在現代陶藝家的巧手之下, 爐灶、圍爐裡、浴池與洗臉台都加上裝飾。一樓為餐廳, 提供運用當地的食材所做的料理, 使用餐具為陶藝家的作品。以前的閣樓改裝為二樓空間, 設有以光亮、黑暗與風等三個主題的茶室。屋外是運用當地常用的薄杉板, 利用屋頂設置的陽台區座位。這是建築師日置拓人新設置的空間。

[地址]十日町市東下組3 110
[參觀費]500日圓,
會期間出示藝術祭鑑賞護照免費
[計畫總監]坂井基樹
[改修設計]安藤邦廣
[屋外陽台設計]日置拓人
[業主]公益財團法人福武集團

安藤雅信
Masanobu Ando [Japan]

空氣的形狀

製作年
2018年
地點
願入・產土神之家
MAP: P55

NEW

以陶器呼喚故土之神「產土」

穿過神社鳥居沿著參道前進，踩上階梯步入神社境內後，心中雜念便消失了。我們可以感知那裡似乎有無形的結界，或許是感受到看不見的「空氣」了吧。在這棟以土地的守護神「產土」為名的家屋，東美濃（岐阜縣）的陶藝家在此展示有如神社中尋常自然的設施般的陶藝作品。

地點
願入・產土神之家
MAP: P55

鄉土料理×主廚×陶藝家作品
產土神之家「飲食」的貼心款待

東京惠比壽知名自然派餐廳「Kitchen Watarigarasu」的主廚村上秀喜擔任這裡的料理顧問。餐廳料理的主要食材運用產土神之家附近田野採集的夏季蔬果與香草，推出三種產土神套餐：主餐為信濃川鱒魚的「川」、主餐為肉的「山」，以及提供素食者選擇的「畑」。使用展出作家安藤雅信的陶製餐具的「產土神咖哩」也同樣推薦。

菜單上有三種產土神套餐（「川」「山」「畑」，各2,000日圓），以及產土神咖哩（1,400日圓）。營業時間等詳情請參考P212。

T343

製作年
2018年
地點
下条·利雪親雪綜合中心
MAP: P55

阿令·朗姜
Arin Rungjang [Thailand]

米

參考作品《黃金的淚滴》(部分、2016年)

從米開始的故事

影像中出現的是日本與泰國的種稻農家。在不同的國家相異的環境裡，兩位農人的故事上演著。以兩國具有長久栽培歷史的稻米為主題，提及近代的戰爭與現今經濟不景氣、自殺率升高等社會現象。同樣的稻米主題下展開各種故事與歷史。

E062

製作年
2018年
地點
神明水邊公園
MAP: P55

廣田Atsu子
Atsuko Hirota [Japan]

霧之衣

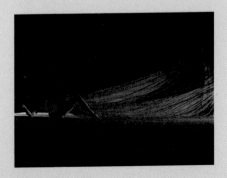

舞蹈×藝術的幻想光景

舞者、編舞家廣田Atsu子在多明尼克·貝洛設計的舞台《Butterfly Pavilion》表演，涼亭式舞台屋頂的反射性建材，映照舞者身姿與周圍的風景，呈現幻想的場景。津輕三味線演奏者小山豐共同演出。

[演出時間] 8月25日(週六)18:30開始
[入場費] 一般當日1,500日圓
[演出] 廣田Atsu子、小山豐等
[助成] 一般社團法人地域創造

徐冰
Xu Bing [China]

製作年
2018年
地點
上新田‧妻有田中文男文庫
MAP: P55

背後的故事

與過去對話方能開拓未來

作者為中國的代表性藝術家之一，以日本知名的水墨畫為主題，展出巨大的作品。這件運用了皮影戲原理設備的作品，內外表裡可以看到不同的表現。透過與過去的對話，展現光與影、幻想與脆弱性。

地點
東下組
MAP: P55
推薦者
編輯部

東下組的西瓜糖

濃縮了土地的能量
絕對完售的高人氣特產

西瓜糖對促進健康有極佳效果，因為舉辦藝術祭的關係，下条地區的人們使用當地產的西瓜打造出新的地方特產。下条地區歷來不斷與創作者協同合作整理神明水邊公園，並且和菲律賓伊富高省的人們交流，積極參與藝術祭，拓展地區的未來展望。

KINARE的賣店（P237）與「越後妻有網路商店」（www.tsumari-shop.jp）等處可以購得。

枯木又計畫

邁向第10年的藝術計畫

京都精華大學的志工，以十日町市立中条小學枯木又
分校為據點，持續展開藝術作品計畫，至今已近10年。
在本屆他們綜合了截至目前的成果以及與當地建立起的
關係，舉辦「記憶」與「啓動」主題的企畫展。展覽集
結了日本國內外年輕藝術作家，具有以亞洲為主的全球
性觀點。

[所在地] 十日町市中条東枯木又
[入場費] 300日圓，會期間出示藝術祭鑑賞護照免費
[企畫‧統籌] 吉岡惠美子

T346

Transitory nature of earthly joy

阿伯特・尤拿丹・斯提阿萬
Albert Yonathan Setyawan [Indonesia]

T347

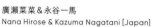

教室

廣瀨菜菜＆永谷一馬
Nana Hirose & Kazuma Nagatani [Japan]

T348

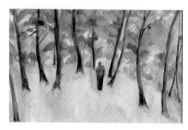

友誼避雨樹

劉李杰
Ryu Riketsu [China]

T268

大地的記憶

內田晴之
Haruyuki Uchida [Japan]

T349　　[舊枯木又分校外展示]

地點
枯木又
MAP: P55

環之小屋・樂園
going to paradise

吉野央子
Ohji Yoshino [Japan]

製作年
2018年
地點
山新田
MAP: P55

竹腰耕平
Kohei Takekoshi [Japan]

十日町之木

樹不只有樹木本身存在

在眺望視野遼闊的高台上，有一株枯木
矗立著。藝術家將這株枯木周圍的土壤
掘起讓樹根裸露，製作成展示品。不光
只有樹木，而是與周圍的其他樹木、雜
草、大地、太陽、天空都有關聯而存在
著——根據此想法，善用四周環境與狀
況，讓人重新認識樹木的存在是什麼樣
子。

製作年
2018年
地點
中条·高靇神社
MAP: P55

艾瑪·瑪利各
Emma Malig [Chile / France]

地圖的哀歌

流浪的人們

因為17歲時國家發生政變而流亡海外，
創作者自稱既是藝術家也是旅人，製作
了以流浪、亡命、遷移為主題的作品。
使用紙類與棉紗製作出細緻而帶點虛幻
的地球儀，並在上面刻上文字。加上燈
光與聲音妝點的作品，反映出創作者心
中對故國智利恆久不變的鄉愁。

[補助] 法國文化中心

目
Mé [Japan]

Repetitive objects

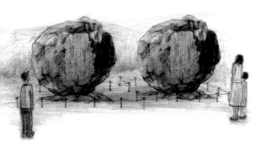

幾乎一模一樣的兩座岩石

在站前廣場矗立著兩座巨大的岩石，看起來就像是從很久以前就一直位在那裡的石頭，兩者幾乎分毫不差具有相同的形狀。目前備受矚目的當代藝術團體所創作的這件作品，訴說我們身處的世界的偶然與必然性。乍見尋常無奇的風景，也許會成為重要回憶之地也說不定。

more info

JR飯山線藝術計畫

用藝術妝點鐵道車站

JR飯山線是從當地的千曲川沿著信濃川行駛的在來線。在沿線車站設置藝術作品的JR飯山線藝術計畫始於2012年的藝術祭會期。

[展出作家]MIKAN＋神奈川大學曾我部研究室（下条站／左圖）、目（魚沼中条站前廣場東口／上圖）、日比野克彥、Kodue Hibino（P96）、幾米（P106）、Atelier Bow-Wow＋東京工業大學塚本研究室、河口龍夫（P143）

T253《下条茅葺塔》

川西地區

位於信濃川西側、十日町市的西北部。
河流沿岸的河階台地上稻田廣布，魚沼產越光米的稻穗閃耀著金黃顏色。
往西進入山區後，來到可以往下眺望信濃川的綠地NAKAGO GREEN PARK，
這裡有詹姆斯・特瑞爾（James Turrel）的人氣作品《光之館》為首的多項作品密布。
再往西行，就會見到中仙田等多處澀海川周邊整治河川後的新開闢瀨替田。

沿岸層層河階台地
多變化的地形引人注目

河階台地是由平坦的階地面與陡然的斜坡交互組成的地形。因為褶曲運動和侵蝕作用的影響，越後妻有的信濃川沿岸廣布著日本屬一屬二的河階台地，尤其是津南地區可以見到日本最大的9層河階台地。當地還遺留下許多繩文遺址，可以感受土地的自然威力與人類為了生存所做的各種努力。

清爽的大自然環境與注目作品《光之館》所在地
NAKAGO GREEN PARK與節黑城跡露營區

從公園可以一眼望盡河階台地與信濃川，越後三山也盡收眼底，還有高球場以及讓寵物嬉遊的空間。從草坪公園到可以享受戶外活動的節黑城跡露營區，有包括《光之館》在內的多項作品密集分布，適合在作品與美麗的風景間漫遊。

先人開墾農田的智慧與心血
澀海川旁的多處瀨替田

「瀨替」這種工法，是以人工方式將蛇行的蜿曲河道截彎取直，原本的河灘地經過填拓工程後開闢為新田，中仙田等澀海川周邊地區可以看到很多這類農田。開墾這些原本不適合耕作的田地，由此能夠一窺先人的日常生活。因為其間的道路多數窄小，參觀時要注意安全。

至長岡市

403

小白倉

56

大白倉
大白倉

澀海隧道

至柏崎市
北陸自動車道
柏崎I.C.

山中隧道

岩瀬隧道
岩瀬

403

大倉

326

至小千谷市
至關越自動車道
越後川口I.C.

49

野口

五升苗水壩

K019

K087

仁田駐在所
仁田
仁田

赤谷
赤谷

岩瀬橋

赤谷十二社大欅木

道之驛 瀨替之鄉仙田

252

澀海橋

中仙田

仙田橋

K029

田戶

252

節黑城跡露營場

光之館

越之澤隧道

K092

川西水壩

元町水岸廣場

K092

新町

新河新田

K033 P

寺ヶ崎

木落

326

49

252

榮橋

室島

室島橋

403

75

二六公園山毛欅森林

K106
P WC

高倉

小磯

NAKAGO GREEN PARK
元町水岸廣場、
節黑城跡露營場
詳圖參見 P69

句碑公園

坪山

鵜抓

川西高校
上野

震系

K093

葛原田

川西高校
千手觀音

K034

千手

木島町

中屋敷

伊勢平治

沖立

川西支所

K107（千手神社）

千手溫泉「千年の湯」

水口澤

東善寺

上新井

山野田

340

稻葉

妻有大橋

K093

元町

上野

三領

上野

小根岸

2

N
W　　E
S

0　　1km　　2km

本區可參觀作品

〈仁田〉

K087

K034

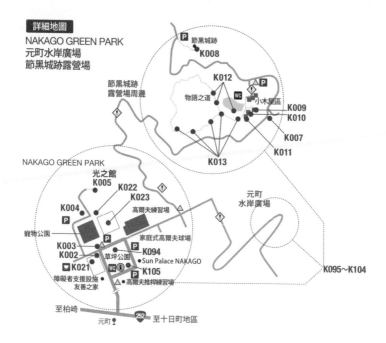

〈NAKAGO GREEN PARK・草坪廣場〉

K002 　**時空**　齋藤義重 Ghiju Saitoh [Japan]

K003 🎧 **致敬Rachel Carson～四個小故事**　藤原吉志子 Yoshiko Fujiwara [Japan]

K004 　**河岸段丘休息站**　PH工作室 PH Studio [Japan]

K005 　**光之館**　詹姆斯・特瑞爾 James Turrell [USA] (P79)

K021 　**一勺莓果**　to the woods [Japan / Austria] (P78)

K022 　**看得見風景的小屋・妻有**　母袋俊也 Toshiya Motai [Japan]

K023 　**綠色莊園**　Ritsuko Taho [Japan]

K094 　**里山藝術動物園**　Satoyama Art Zoo (P74)

K105 　**越後妻有彩虹小屋2018**　關口恒男 Tsuneo Sekiguchi [Japan] (P78)

〈節黑城跡露營場〉

K007 　**森林的守衛**　吉水浩 Hiroshi Yoshimizu [Japan]

K008 　**石座**　白川昌生 Yoshio Shirakawa [Japan]

K009 　**節黑城跡露營場 小木屋A棟**　河合喜夫 Yoshio Kawai [Japan]

K010 　**節黑城跡露營場 小木屋B棟**　塚本由晴＋Atelier Bow-Wow＋三村建築環境設計事務所
Yoshiharu Tsukamoto＋Atelier Bow-Wow＋MALO Planning [Japan]

K011　節黒城跡露營場 小木屋C棟　石井大五 Daigo Ishii [Japan]

K012　詩人冥想之路　瓊澤‧戴‧格姆拉伊斯 José de Guimarães [Portugal]

K013　巨人園丁　艾斯特‧阿爾巴答內 Esther Albardané [Spain]

K014　天地瞭望台　柳健司 Kenji Yanagi [Japan]

〈NAKAGO GREEN PARK、元町水岸廣場、節黑城跡露營場〉

野投－Spectrum展　YATOO（野投）Korean Nature Artists' Association − YATOO [Korea]（P76）

K095　移動回聲　安瑪魯斯依漢‧南拉幾夫 Amarsaikhan Namsraijav [Mongolia]（P76）

K096　生態系統:昆蟲　安迪‧拉姆達尼‧依默朗 Andi Ramdani Imron [Indonesia]（P76）

K097　Fanfare-echo　姜希俊 Kang Hee-joon [Korea]（P76）

K098　這不是水管　凱倫‧凡德‧摩倫 Karin van der Molen [Netherlands]（P76）

K099　垂死樹之布　派崔克‧透苟‧湯克森 Patrick Tagoe-Turkson [Ghana]（P77）

K100　風吹草原　李應雨 Ri Eung-woo [Korea]（P77）

K101　迎風雕塑森林　斯德瑞東‧范德墨威 Strijdom van der Merwe [South Africa]（P77）

K102　Private TRAP 6.0　希加地‧瓊加 Szigeti Csongor [Hungary]（P77）

K103　球體　烏魯斯‧湯威爾曼 Urs Twellmann [Switzerland]（P77）

K104　做夢的馬　李容德 Yi Yong-duck [Korea]（P77）

A001　妻有路標　瓊澤‧戴‧格姆拉伊斯
José de Guimarães [Portugal]（地圖上的△）

K012

K013

製作年
2018年
地點
上野
MAP: P67

艾哈邁德・奧古特
Ahmet Öğüt [Turkey]

漂移車

出現似乎只用兩輪行駛的汽車

讓車體甩尾側滑，只以單側的兩輪行走道路上，乘客將身體探出車外手舞足蹈的危險行為，在1970年代後期在沙烏地阿拉伯富裕的年輕人之間十分盛行。作家稱之為「阿拉伯甩尾」「沙烏地甩尾」「中東甩尾」的這種現象，加上甩尾的車幾乎是日本車，因此得到靈感，在川西地區的主要道路沿線設置側滑甩尾似的車子。中東的次文化與日本的工業技術在田園風景之間交錯。

K092

製作年
2018年
地點
新町新田
MAP: P67

蘇・貝多蕾＋岩城和哉＋東京電機大學岩城研究室
Sue Pedley + Kazuya Iwaki +
Tokyo Denki University Iwaki Lab. [Australia + Japan]

探尋水源

水與人們的歷史

住在川西地區的人，因為煩惱水源不足，於是花費許多心思像蓋水壩等維護水源。10年以來都在此地創作作品的藝術家，提出研究這些人們的日常生活軌跡並進行資訊可視化的計畫。作品使用農業現場使用的材料，製作出水分子般的球體。表面張貼的鏡片反射日光，並映照周圍的風景。因為風的吹拂而緩緩旋轉的球體，訴說這地區的人們與水有關的故事。

地點
①小根岸、②中手、③室野（実昇清水）
MAP: ①P67、②P83、③P162
推薦者
編集部

照片中為中手聚落的湧泉。每處湧泉區是當地人平常的活動區。所以使用時要遵守規則和禮儀喔。

[採訪協力：渡邊正範（十日町市居民）]

越後妻有的湧泉

好喝的泉水湧出之地

以川西地區為首，越後妻有地區稱得上是名水的湧泉不少，小根岸與中手聚落的湧泉就是其中的範例。越後妻有的湧泉是硬度低的軟水，喝起來較甘甜。這些名水孕育了茶與當地銘酒等各種飲食文化。此外，津南的龍窪、松之山的庚清水與實昇清水等都是為人熟知的名水。

稻米之鄉越後妻有的米

黏性高具淡雅香氣，饕客也讚賞不已的新潟產越光米的歷史

越後妻有的魚沼產越光米有日本第一美味之稱，春天滋味豐富的融雪灌溉水，夏天高溫多濕的氣候，以及晝夜溫差劇烈的環境，再加上農家精心努力整地精耕細作，造就了美味的稻米。

越光米是於昭和31年（1956）登錄名稱的，出乎意外的誕生之地為福井縣。因為當時的農家比起稻米的味道更重視收穫量，所以穀粒小的越光米並不受青睞，新潟注意到這種稻米的美味，於是成立了新潟產越光米的品牌。另外，日本在這之前的稻米多是爽口的口感。所以越光米的「黏性」相當有特色。

在EAT & ART TARO的《米食秀》（P92）可以輕鬆認識有關稻米的歷史，根據某位稻米饕客作家說，越光米的特色在於「香味」，「越後妻有的孩子們味覺都很敏銳，可以精準辨認出稻米的品種。」吃美味的白米長大的孩子，味覺都相當好呢。

稻穗低垂彎下的魚沼產越光米

剛煮好的米飯有如寶石般晶瑩剔透

（照片提供＝皆為EAT & ART TARO）

製作年
2018年
地點
NAKAGO GREEN PARK、草坪廣場、Sun Palace NAKAGO
MAP: P69

里山藝術動物園

河童老師傅♥天然神祕茶屋!!
feat. Yatai Trip

河童師傅+河童族
Kappa Shisho + Kappazoku [Japan]

大家好朋友

鹽澤宏信
Hironobu Shiozawa [Japan]

大貓遊行

杉山愛莉
Airi Sugiyama [Japan]

放空不思考

須佐美彩
Aya Susami [Japan]

**約30組的日本藝術家
創作的藝術「動物園」**

這項戶外企畫展，以在里山遇到的動物、傳說中登場的奇妙動物以及已經滅絕的生物為展示主題。十分推薦親子同遊，更可體驗人與自然的關連，充滿節慶感的廣闊空間。

[展出作家] 石村大地、井尻杏那、及川春菜、岡山富男、開發好明、河童師傅+河童族、蒲生美穗、Kyaneco+山下若葉、鞍谷一樹、小海良司、坂下彰、笹谷美月、鹽澤宏信、柴田美千里、柴田優陽、杉山愛莉、須佐美彩、高橋士郎、辻藏人、中井章裕、西井武德、Party建築、橋寬憲、平澤勇輝、松本勇氣+日本稻稈藝術、三浦義廣、村尾、村上直樹、山本惠海等

見島牛

松本勇馬＋日本稻桿藝術
Yuma Matsumoto + Wara Art JAPAN [Japan]

收集喜好

石村大地
Daichi Ishimura [Japan]

HANAUTA

西井武德
Takenori Nishii [Japan]

風／撲克臉

村上直樹
Naoki Murakami [Japan]

每週六日可體驗「松之山 野鳥木芥子娃娃」製作課程，參展創作者開設「動物奇想天外」工作坊。詳情請參閱公式網站。

工作坊
「動物奇想天外」每週六日、假日　11:00～
費用：視課程內容決定

表演
「河童師傅☀龍形風箏高飛大作戰↑↑在越後妻有天空」
「河童師傅♥天然神祕茶屋!! feat. Yatai Trip」
7/29（週日）與8/22（週三）起至會期結束為止每日舉行。　費用：免費

活動
「鼴鼠祭」8/31（週五）13:00～15:00
「原始未來銳舞派對」9/8（週六）10:00～17:30

YATOO（野投）
Korean Nature Artists' Association
—— YATOO [Korea]

製作年
2018年
地點
NAKAGO GREEN PARK、元町水岸廣場、節黑城跡露營場
MAP: P69

野投——Spectrum展

K095

移動回聲

安瑪魯斯依漢・南拉幾夫
Amarsaikhan Namsraijav [Mongolia]

K096

生態系統：昆蟲

安迪・拉姆達尼・依默朗
Andi Ramdani Imron [Indonesia]

K097

Fanfare-echo

姜希俊
Kang Hee-joon [Korea]

K098

這不是水管

凱倫・凡德・摩倫
Karin van der Molen [Netherlands]

以自然×藝術為主題的企畫展

韓國自然藝家協會——YATOO（野投）於1981年成立，基於「對自然提供思考」的宗旨，本著韓國的傳統生活樣式長期專注於「自然藝術」創作，在國際間逐漸打開知名度。以「人類與自然共存之美」概念進行創作的這項企畫展，集結了來自世界各國的10名創作者，揭示了自然藝術更多新的可能性與廣度。

K099

垂死樹之布

派崔克・透苟・湯克森
Patrick Tagoe-Turkson [Ghana]

K100

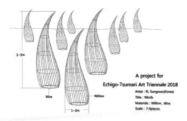

A project for
Echigo-Tsumari Art Triennale 2018
Artist : RI, Eungwoo(Korea)
Title : Winds
Materials : Willow, Wire
Scale : 7-9pieces

風吹草原

李應雨
Ri Eung-woo [Korea]

K101

迎風雕塑森林

斯德瑞東・范德墨威
Strijdom van der Merwe [South Africa]

K102

Private TRAP 6.0

希加地・瓊加
Szigeti Csongor [Hungary]

K103

球體

烏魯斯・湯威爾曼
Urs Twellmann [Switzerland]

K104

做夢的馬

李容德
Yi Yong-duck [Korea]

77

關口恒男

Tsuneo Sekiguchi [Japan]

製作年
2018年
地點
NAKAGO GREEN PARK、草坪廣場
MAP: P69

越後妻有彩虹小屋2018

在彩虹的根據地跳部落舞

上古的人們會圍在火邊跳舞,由自然素材建蓋的小屋內部,由水與鏡面組成的稜鏡折射出彩虹,打造「為了理解自己而跳舞的空間」。至8/31(週五)為止,創作者每日會在這裡擔任DJ,並且有舞者表演舞蹈。9/8(週六)舉行「原始未來銳舞派對」。

---

to the woods [Japan / Austria]

製作年
2003年～
地點
NAKAGO GREEN PARK、草坪廣場
MAP: P69

一勺莓果(Berry Spoon)

自然、植物、果樹、藝術

種植30種以上的各國莓類漿果的藝術果樹園《Berry Spoon》,可以欣賞五彩繽紛的花朵與果實。這裡也設有咖啡廳(營業時間週五～週一10:00～16:00),可以享受自然生活的樂趣。

工作坊「來製作世界上獨一無二的果醬吧」:每週五・六・日・一 10:30開始。大約一小時左右。費用500日圓

詹姆斯·特瑞爾
James Turrell [USA]

光之館

可親身體驗光的作品兼住宿設施

這座《光之館》是世界上唯一能够住宿的國際大師詹姆斯·特瑞爾作品。作品發想自越後妻有的日本家屋「星名邸」與谷崎潤一郎的《陰翳禮讚》，透過可拉開閉合的屋頂，可以優閒觀賞從日落到黎明天色與光影時時刻刻的徐緩變化。

[營業時間] 10:00～16:00

光之館
節黑城跡露營場山小屋

享受住在藝術作品中的樂趣

NAKAGO GREEN PARK裡的《光之館》，與三組建築師所建蓋的節黑城跡露營場山小屋A、B、C棟，皆提供住宿服務。嘗試看看在藝術作品中度過奢侈的一晚吧。

光之館
[地址] 十日町市上野甲2891
[住宿] 大人每人4,000日圓, 其他設施使用費20,000日圓
[用餐] 晚餐2,160日圓～
[住宿營業時間] 全年。 ※會期間幾乎客滿, 預約狀況請參考網站:hikarinoyakata.com
[定休日] 藝術祭會期間無休(其他期間請參考網站)
[電話] 025-761-1090

節黑城跡露營場山小屋
[設計] A棟:河合喜夫、B棟:塚本由晴+Atelier One+三村建築環境設計事務所、C棟:石井大五
[住宿] 大人每人1,000日圓, 其他設施使用費7,000日圓
[用餐] 晚餐2,160日圓～
[住宿營業時間] 4月～11月下旬。需預約, 不開放單純參觀
[電話] 025-768-4419(Sun Palace NAKAGO)

力五山
RIKIGOSAN [Japan]

製作年
2018年
地點
舊高倉小學校體育館及周邊
MAP: P67

十日町高倉博物館−返回之地−

讓思緒馳騁在人們生活軌跡與時間歷程的創作

力五山是三位藝術創作者結成的團體，自2009年藝術祭的活動以來，每屆的創作都在高倉聚落展開。這次也在當地居民的建議下，從市內各地收集而來的古老農機具與生活器具，選定舊高倉小學體育館作為展示舞台，將這些用具堆積陳列於此地。內部空間搭配燈光與聲音的表現，讓參觀者在觀賞這些物品的同時，也能聽到有關的故事或者其聲響。另外，外牆重現了深雪堆積下的高倉風景，防雪用的雪垣畫上了以體育館內的農機具與生活器具為主題的圖繪。

[贊助] HOLBEIN畫材株式會社

2018年

製作年
2018年
地點
千手神社
MAP: P67

國松希根太

Kineta Kunimatsu [Japan]

記憶的痕跡與明日之森

重現奉納相撲的熱絡氣氛

千手神社直到1997年以前，都會舉行祈求豐收與無疫病災荒的奉納相撲儀式。創作者從當時拍攝的照片獲得靈感，在靜謐的空間浮現過往熱絡的光景。被當作是儀式中觀眾的河邊石塊，是當地居民協助挑選合作陳設的。

[補助]公益財團法人istyle藝術運動振興財團

地點
十日町市中屋敷758-1
MAP: P67
推薦者
安藤美冬（自由作家）

小嶋屋總本店

沒吃過這裡的蕎麥麵
就沒資格談越後妻有

[營業時間] 11:00～21:00（L.O.20:30）
[定休日] 無
[電話] 025-768-3311

擁有許多愛好者的片木盒蕎麥麵名店，創業於大正11年（1922）。「雖然蕎麥麵店有許多，但這家店的蕎麥麵非常好吃。味道完全是不同等級，如果是Tabelog的評比絕對是四顆星以上！古老日本民宅氣氛的店內環境也很棒。大推這間店！」（安藤）

十日町南地區

JR飯山線與Hokuhoku線總站十日町站與車站周邊
是越後妻有最繁盛的市街地，也是當地民眾與外地旅人往來的中心地段。
越後妻有里山現代美術館[KINARE](P88-95)是作品與情報集中的據點。
街上也有許多飲食店都是運用本地的食材，選擇性多元。
在街道上閒逛或散步很輕鬆，做為旅行的出發地非常合適。

藝術祭與越後妻有玄關口
藝術巡禮從此地展開

做為總站的十日町站所在的地區，自古就是交通上的
重要地點，還擁有織物市鎮的光榮歷史。以美術館
為首，除了有多項展示品，餐飲店家數量也多，可說
是里山與城市的交接處，當地人與旅人往來交錯的
的這處市街地，做為藝術巡禮的終點也十分合適。

藝術祭的一大據點
越後妻有里山現代美術館[KINARE]

距離十日町站大約步行10分鐘位置的越後妻有里山現代美術
館[KINARE]，陳列有新作(P89)・企畫展(P90)・常設展等
多項作品。此外還設有旅遊中心、飲食店、賣店與溫泉設施等，
是非常方便的據點。在此收集藝術祭資訊也很便利，旅程中
一定要來造訪，善加運用。

餐廳與旅館相連的商店街
今晚要在哪家店品嚐當地料理呢？

越後妻有的中心地兼最大的市街地段就是這個區域。
車站周邊與國道沿線開展的市街地，飲食店家與宿
泊旅館相連。特別是飲食方面，片木盒蕎麥麵、當
地野菜、米、日本酒、妻有豬、津南豬，還有當地人
的靈魂美食牛五花泡飯。可以品嚐當地特產的店家很
多，不用擔心吃的問題喔。

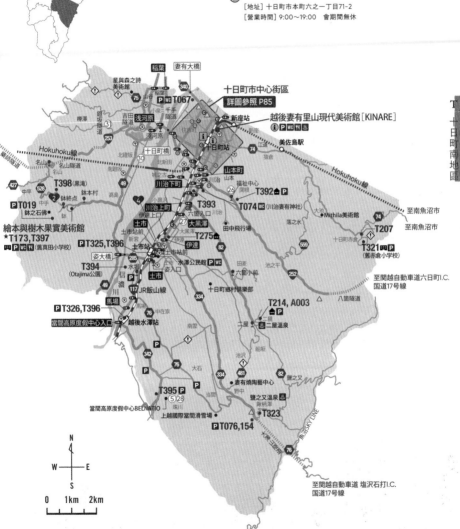

大地藝術祭十日町綜合旅遊中心（北越急行線十日町站內）
［地址］十日町市旭町251番地17
［營業時間］9:00～17:30　會期間無休

十日町站東口旅遊詢問中心（十日町站東口）
［地址］十日町市旭町261番地22
［營業時間］9:00～17:30　會期間無休

KINARE旅遊詢問中心
［地址］十日町市本町六之一丁目71-2
［營業時間］9:00～19:00　會期間無休

十日町南地區

稻葉
妻有大橋
星與森之詩美術館
樽澤
鎧坂隧道
吉田隧道
浅河原
浅河原隧道
山伏山
十日町橋
十日町市中心街區
詳圖參照 P85
新座站
越後妻有里山現代美術館［KINARE］
美佐島駅
Hokuhoku線
名山
名山隧道
北鐵坂
新宿田
住吉
十日町站
山本町
川治上町
T398（黑瀧）
T019
鉢之石佛
鉢終点
鉢村
高島
小泉・千手中手
六箇入口
T393
伊達上口
T392
福祉中心
關跡
川治妻有神社
T074（川治妻有神社）
Mithila 美術館
至南魚沼市
至南魚沼市
T207
繪本與樹木果實美術館
★T173,T397
（舊真田小学校）
姿大橋
T325,T396
土市站前
T394（Otajima公園）
T275
大黑澤
伊達
田中飛行場
十日町赤倉
T321
（舊赤倉小学校）
信濃川
土市站
水澤
水源公民館
姿入口
六箇小前
池之平
田麦
至關越自動車道六日町I.C.
国道17号線
八箇隧道
T326,T396
JR飯山線
十日町鄉村倶樂部
T214, A003
二屋
二屋温泉
馬場
當間高原度假中心入口
越後水澤站
當間
妻之燒陶藝中心
T395
妻有燒陶藝中心
當間高原度假中心BELNATIO
上越國際當間滑雪場
野中
登之又温泉
T323
T076,154
妻有SKY LINE
至關越自動車道 塩沢石打I.C.
国道17号線

N
W E
S

0　1km　2km

本區可參觀作品

T154

T067　T309

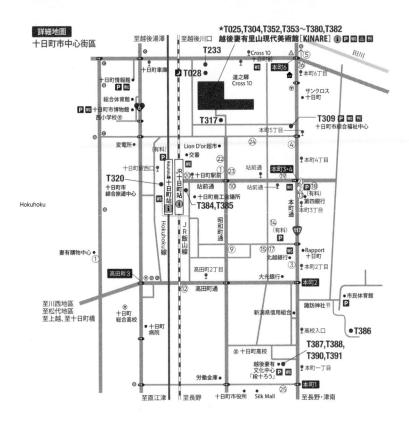

詳細地圖
十日町市中心街區

★T025,T304,T352,T353〜T380,T382
越後妻有里山現代美術館[KINARE]

至越後湯澤　至越後川口

T233

T028

道之驛
Cross 10

Cross 10
十日町前

本町6

サンクロス
十日町

T317

T309　十日町市綜合福祉中心

本町5丁目

十日町情報館

總合体育館

十日町市博物館
西小学校

6

Lion D'or超市
交番

24

站前通

本町4丁目

變電所

(有料)

T320
十日町市
綜合旅遊中心

22

20

23

站前通

本町3・4丁目

Hokuhoku線

JR
十日町站

十日町站前

18
(有料)
第四銀行

13

Hokuhoku

JR
飯山線

T384,T385

十日町商工会議所

昭和町通

本町
通

本町3丁目

14
(有料)

117

Rapport
十日町

妻有購物中心

9

15

17

北越銀行

本町2丁目

高田町3

高田町2丁目

大光銀行

本町2

至川西地區
至松代地區
至上越、至十日町橋

12

高田町通

十日町
總合高校

新潟県信用組合

諏訪神社

市民体育館

十日町
病院

高校入口

T386

十日町高校

越後妻有
文化中心
「段十ろう」

T387,T388,
T390,T391

本町一丁目

至直江津　至長野　十日町市役所　Silk Mall

本町1

25

至長野・津南

〈伊達〉

T275　苧麻的房間計畫2018　doobu [Japan](P104)

〈鍬柄澤〉

T076　稻殼公園　日本工業大學小川研究室＋黒田潤三
Ogawa Laboratory, Nippon Institute of Technology + Junzo Kuroda [Japan]

T154　泥人／T323　鍬柄澤藝術村構想　小川次郎／日本工業大學小川研究室
Jiro Ogawa/Ogawa Laboratory, Nippon Institute of Technology [Japan]

〈太田島〉

T394　太田島公園　托比亞斯・普提 Tobias Putrih [Slovenia / USA](P105)

〈珠川〉

T395　脆弱的歌垣　古郡弘 Hiroshi Furugori [Japan](P107)

製作年
2003年～
地點
十日町市街區
MAP: P85

設計＝原廣司＋ATELIERΦ建築研究所
Hiroshi Hara + ATELIER φ [Japan]

越後妻有里山現代美術館[KINARE]

旅行開始與結束時想造訪的最大景點

2012年更新改裝為現代美術館，是藝術祭促進地域及里山與世界連結起來的象徵性設施。位於從十日町站步行只要10分鐘就能抵達的好地方，既是重點設施也提供旅遊詢問中心的服務。中庭正中央是一座可看到天空的露天大水池，設計概念來自綠洲的駱駝商隊帳蓬聚集的意象。除了大約10件的常設作品、7件戶外作品，還設有可以試吃米食的食堂、販售藝術祭周邊商品的賣店以及溫泉設施，也受遊客歡迎。不論是旅行剛開始或者結束準備離開前，一定要來這邊參觀。

[地址] 十日町市六之一丁目71-2
[開館時間] 9:00～19:00
[入場費] 1,500日圓，藝術祭會期間出示鑑賞護照可不限次數入場
[電話] 025-761-7767

製作年
2018年
地點
越後妻有里山現代美術館 [KINARE]
MAP: P85

林德羅・厄利什
Leandro Erlich [Argentina]

Palimpsest

T 十日町南地區

複雜重疊的虛與實

位在 KINARE 中央由迴廊所圍繞的大水池，水面反射
光線，猶如鏡面一般映照出天空與建築物景象。乍見
似乎是再平凡不過的光景，但參觀者若是走上二樓眺
望池子，就會發現建築物的鏡像複層化的不可思議現
象。而從某個地點看過去，複層化的鏡像完全重疊一
致。因此將此作品命名為 Palimpsest，也就是可重
複書寫的羊皮紙文獻。

製作年
2018年
地點
越後妻有里山現代美術館［KINARE］
MAP：P85

2018年〈方丈記私記〉
建築師與藝術家的
四帖半宇宙

T354

十日町 今夏天設計事務所

伊東豊雄建築設計事務所
Toyo Ito & Associates,Architects［Japan］

T356

燈塔4.0 在越後妻有輕鬆生活

all (zone)
all (zone)［Thailand］

小空間變新「村」

這是本屆主題活動之一的企畫展（參考 P32）。仿效移居到小小的草庵關注動亂世局的鴨長明，在舊有價值觀逐漸崩壞的現代發現新的可能性，從 2.73m立方的小空間中思考。會場中有餐飲店、工作室、居家等等，約30組藝術家所呈現的形形色色空間，宛如想像的「村落」集結。長期計畫是將各空間移植到市鎮上，以活化地域，這項展示是「越後妻有方丈村百年構想」的開端。

[出展作家]asoview!×OKAHON[日本]、伊東豊雄建築設計事務所[日本]、井上唯[日本]、all (zone)[泰國]、岡藤石[日本]、小川次郎／Simsa工作室 [日本]、CASAGRANDE LABORATORY [芬蘭]、KIGI [日本]、菊地悠子[日本]、GRAPH＋空間構想[日本]、栗真由美[日本]、小山真德[日本]、C+ Architects [中國]、向陽[中國]、大舍建築設計事務所＋殷漪 [中國]、Eri Tsugawa＋Motoya Iizawa[日本、美國]、東京藝術大學美術學部建築科藤村龍至研究室 [日本]、dot architects [日本]、New-Territories／architects[法國]、藤木隆明＋工學院大學藤木研究室＋佐藤由紀子[日本]、蘇・貝多蕾＋岩城和哉＋東京電機大學岩城研究室 [澳洲、日本]、多米尼克・佩羅建築事務所[法國]、前田建設工業株式會社建築事業本部建築設計統括部[日本]、米莎・庫伯[德國]、矢野泰司＋矢野雄司／矢野建築設計事務所[日本]、uug[日本]、YORIKO[日本]、王耀慶[台灣／中國]
[贊助]株式會社ITN Japan、株式會社岡部公園施設部、株式會社建築企畫曾我、福島佳浩、株式會社PLY&WOOD

T358

蕎麥店　割過亭

小川次郎／Simsa 工作室
Jiro Ogawa / Atelier Simsa [Japan]

T361

付喪神之家

菊地悠子
Yuko Kikuchi [Japan]

T362

Karaoke & Humankind

GRAPH＋空間構想
Graph + kousou Inc. [Japan]

T364

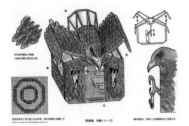

狗鷲庵

小山真徳
Masayoshi Koyama [Japan]
［贊助］HOLBEIN畫材株式會社

T374

DRAPE HOUSE

多米尼克・佩羅建築事務所
Dominique Perrault Architecture [France]
［贊助］DCW éditions PARIS

T378

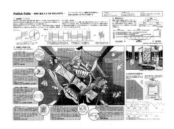

Publish−Fablic ～地球編織立體雜誌～

uug
uug [Japan]

91

製作年
2018年
地點
越後妻有里山現代美術館 [KINARE]
MAP: P85

EAT & ART TARO

EAT & ART TARO [Japan]

米飯秀

來試吃飯糰比較各種米吧

越後妻有富饒的土地與水所孕育的美味稻米，各自因為土地地形或栽種的人不同使米飯風味略有差異，為了讓大家更了解稻米，EAT & ART TARO 先從「稻米指南」開始，介紹有關米的一切知識，接著進行試吃各地稻米的「米飯秀」，米飯秀結束後，可以選擇自己喜歡的地區的飯糰，以及使用當季食材做的家常菜一起品嚐。一連串的活動下來，除了瞭解米飯粒粒皆辛苦的過程與各地區的特色之外，也好好享受米飯的試吃與比較樂趣。

[日時] 會期間每日舉行
12:30～、13:30～、14:30～
[費用] 2,000日圓

製作年
2015～2018年
地點
越後妻有里山現代美術館［KINARE］
MAP: P85

開發好明
Yoshiaki Kaihatsu [Japan]

鼯鼠電視台

NEW

鼯鼠電視，再度開播

從地底下的攝影棚，扮演「鼯鼠君」的創作者擔任播報員主持談話節目，同時在FM與網路上同步直播。創作者與當地人們迎接遊客前來，介紹藝術祭與當地特色魅力。此外，鼯鼠君也會在里山藝術動物園 (P74) 不定時登場喔！

［放送時間］FM十日町78.3MHz
10:00～11:00（週二除外）

十日町南地區

地點
越後妻有里山現代美術館［KINARE］
MAP: P85

「米飯秀」的飯糰與使用當季食材的家常菜午餐。
米飯秀＋午餐2,000日圓，只用午餐1,500日圓。

［料理］原Sayaka
營業時間等詳細情形請參閱P212

越後信濃川Bar

在美術館品嚐雪國的鄉土料理

造訪越後妻有地區的人們最大的樂趣是品嚐雪國的家庭料理。作為藝術祭重點企畫之一的「米飯秀」舞台的越後信濃川Bar，在會期間提供飯糰與家常菜招待來訪遊客，會期之後會運用不同手法，準備提供來客從未品嚐過的鄉土料理。

越後妻有里山現代美術館
［KINARE］
常設展示

製作年
2012年〜
地點
越後妻有里山現代美術館［KINARE］
MAP: P85

T221

人造衛星
皆爾達・斯坦納 & 約魯各・連茲林格
Gerda Steiner & Jörg Lenzlinger [Switzerland]

T224

隧道
林德羅・厄利什
Leandro Erlich [Argentina]

T225

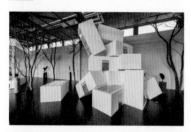

無力結構 FIG 429
艾默格林 & 德拉塞特
Elmgreen & Dragset [Denmark, Norway / Germany]

T226

Wellenwanne LFO
卡爾斯登・尼可萊
Carsten Nicolai [Germany]

表現里山與地區特色的作品集

越後妻有里山現代美術館［KINARE］，圍繞著中庭水池的迴廊2樓與入口大廳，展示有常設作品。作品主題為信濃川、越後的土壤、落葉闊葉林、聚落、風景、土木建築物、繩文陶器與雪等等，全是這個地區的象徵。具體展現土地特性的常設作品，讓KINARE有如越後妻有地區的縮影。在接觸藝術的同時，也親身感受越後妻有是個什麼樣的地方。

T227 🎧

浮遊

卡洛斯・加萊高亞
Carlos Garaicoa [Cuba]

T228 🎧

Phlogiston

山本浩二
Koji Yamamoto [Japan]

T229 🎧

Rolling Cylinder, 2012

卡斯登・霍勒
Carsten Höller [Belgium / Sweden]

T230 🎧

LOST #6

桑久保亮太
Ryota Kuwakubo [Japan]

T280 🎧

土壤檔案館／新潟

栗田宏一
Koichi Kurita [Japan]

T281 🎧

「包覆大地的皮膚」十日町文樣苧麻唐草'13

眞田岳彦
Takehiko Sanada [Japan]

T384 ［JR飯山線藝術計畫］

製作年
2018年
地點
十日町站東口
MAP: P85

日比野克彦
Katsuhiko Hibino [Japan]

喫茶TURN

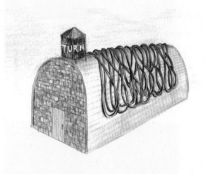

太陽暖過的茶

這是在「魚板型倉庫」內部打造的吧台空間，在這裡可以享用與太陽能加熱的水同樣溫度的茶。創作者提案，配合當天與當時的氣溫而有不同溫度的茶，訪客感受到「再自然不過的事」，並在此與其他人們交流。

［開館時間］10:00～18:30

T385 ［JR飯山線藝術計畫］

製作年
2018年
地點
十日町站東口
MAP: P85

Kodue Hibino
Kodue Hibino [Japan]

十日市集

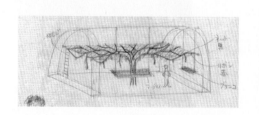

越多人前來空間的變化越大的地方

這是座遊戲場，也是休憩場所，也可以在此創作事物。這裡張起了樹型的網子，會期間設有製作樹葉的工作坊與表演活動（詳情請參考HP）。每當有更多人造訪這裡或前來休息，空間就會發生變化，有如森林一般成長。

［開館時間］10:00～18:30

製作年
2018年
地點
十日町市街地・獅子會之森公園
MAP: P85

杉浦久子+杉浦友哉+昭和女子大學杉浦研究室
Hisako Sugiura + Tomoya Sugiura +
Sugiura Laboratory, Showa Women's University [Japan]

森之家

NEW

森林與天空與大地的連結

往十日町諏訪神社深處走，在山脊處有座充綠意的公園「獅子會之森」。創作者在這個地點製作作品，希望打造更有趣的空間。製作了直徑約6公尺，高度2～3公尺的涼亭，觀賞者可以在此感受森林與天空、大地的連結，此外也提供乘涼休息的空間。

T 十日町南地區

製作年
2015年
地點
十日町市街地
MAP: P85

T317

淺井裕介
Yusuke Asai [Japan]

苧麻森林

從傳統織物啓發而來的幻想生物

十日町站連結KINARE全長170公尺的路面與廣場上施作的地上繪。以當地自古以來的織品越後縮的原料「苧麻」為主題，描繪出幻想的生物。使用和路口斑馬線相同的材料切割出各種形狀，最後使用燃燒器將作品燒製在路面上。

瓊澤・戴・格姆拉伊斯
José de Guimarães [Portugal]

春之生／春之雪

製作年
2017年
地點
越後妻有文化中心
MAP: P85

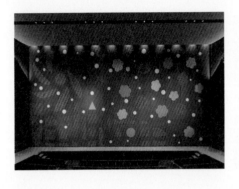

新據點設施的象徵

在市街地誕生的越後妻有文化中心的緞帳，以雪融後伴隨著形形色色的生命散發光芒的「越後妻有之春」為主題而製作。入口玄關的雕刻作品《春之生》也以雪融為主題。代表全域6個地區的圖形散發熱烈的光芒。

[緞帳作品參觀時間]9:00～17:00(舉辦活動時禁止參觀) [雕刻作品點燈時間]日落～22:00

T390

高橋匡太
Kyota Takahashi [Japan]

光織

製作年
2017年
地點
越後妻有文化中心
MAP: P85

NEW

隨著季節變化的光之織物

這面有如越後妻有文化中心「雁木」的作品，是約110公尺長打上彩色燈光的房檐。象徵越後妻有四季的各種顏色與「十日町友禪」等當地織物重疊，以有如線般的燈光表現地域的自然與文化特色。燈光表演每個月都有變化，讓人感受到季節的流轉。

[參觀時間] 日落～21:00

製作年
2018年
地點
越後妻有文化中心
MAP: P85

小林武史
Takeshi Kobayashi [Japan]

交響組曲「円奏彼方 (Beyond The Circle)」
〜based on 柴田南雄「川流不息」〜

在無常中奏出希望的新曲調

以作曲家柴田南雄引用《方丈記》內容而作的交響曲為本，音樂家小林武史作曲並製作的八個樂章交響詩，原創的交響樂編曲與充滿個性的歌手們，一同打造出新的音樂世界。

[時間] 7/28(週六), 7/29(週日)16:00開演
[費用] 一般當日6,000日圓
[演出] 小林武史／安藤裕子、Nodoka Kirishima、Salyu、TOKU／寺岡清高(指揮)等

T
十日町南地區

製作年
2018年
地點
越後妻有文化中心、松代城山
MAP: P85

藝想
St. James' Creation [Hong Kong]

大地予我－土・圭・垚陶藝交流計畫
[會期] 7/29(週日)〜8/19(日)

以陶藝架起日本與香港間的橋樑

來自香港聖雅各福群會，藝想主要由復康人士組成。藝想的師傅仔以陶瓷為創作媒介，藉展覽及工作坊，傳播快樂種子。另外作品「薯頭薯舞」亦會在香港農夫栽種的城山農田上翩翩起舞。

「薯蛋人迷你花盆」陶藝工作坊
[時間] 7/31(週二)14:00〜15:30
[會場] 十日町市民活動中心　免費、官方HP事先預約
[贊助] 伍集成文化教育基金會

T321

納文・羅旺・庫＋納文團隊
Navin Rawanchaikul + Navin Production [Thailand / Japan]

製作年
2015年
地點
舊赤倉小學
MAP: P83

赤倉學堂

把人們記憶與紀錄化為作品

設置在已廢校的舊赤倉小學的運動場上，有幅模仿梵蒂岡宗座宮裡的拉斐爾傑作《雅典學院》的巨大繪畫。取代在原畫中登場的古希臘哲學家蘇格拉底與柏拉圖等人的，是當地聚落中的居民，加上還有對全體居民的採訪影像與聲音，聚落與人們的歷史與記憶得以留存下來。

T302

酒百宏一
Koichi Sakao [Japan]

製作年
2006年～
地點
關淺・舊十日町市營滑雪場
MAP: P83

綠屋計劃2018

透過交流讓綠意滋生

2006年開始就持續發展的創作計畫。透過作品的樹葉製作，當地與外地來的人參加的範圍擴大，通過長長的綠色隧道後，1樓為樹木，2樓為綠意，閣樓則是打造成雪的世界，外牆覆蓋上綠意。在此不只產生交流機會，也讓人們有機會認識土地的「綠意」。

[贊助] HOLBEIN畫材株式會社

信濃川今昔

往日透過小船往來的母親之河，與之後的演變

以磯邊行久的《信濃川 水路計畫》為首，藝術祭有許多以信濃川為主題的創作。這條信濃川到底走過什麼樣的歷史呢？

過去的信濃川，除了讓人們蒙受水患為其所苦以外，河裡有豐富的鮭魚及鱒魚產量，所以也是母親之河。渡船連結起兩岸，運送年貢米與商品的貨運船水上運輸，也為地方經濟帶來極大的貢獻。例如位於淺河原的「朝屋」，是1907年（明治40年）開始以擁有的江連舫貨船「朝屋丸」經營航運業。往下游送米和礎石到長岡，回程則載運食糧、雜貨品等貨物。然而明治之後，附近架起了十日町橋，陸上運輸發達的結果，在1922年（大正11年）停止營業。1964年（昭和39年）越後妻有地區所有的渡船都消失了。

之後，信濃川開始水力發電廠的建設，成了提供電力給都市的地方，景觀完全改變。從市街地這側要渡河到十日町橋對岸，過往是朝屋的所在地。

[照片資料提供] 十日町市博物館

大正時代往下游運送貨物的光景。堆高的米和礎石送到長岡，回程則載運食糧、雜貨品等。

同樣是大正時代的渡船，「孫左衛門」，著和服的人們更讓人感受古老時光。

地點
土市
MAP: P83
推薦者
田中里奈(模特兒)、
中村翔子(銀座蔦屋Art Concierge)

越後妻有的蕎麵店相當多，由屋是肯定會被指名的屬一屬二的名店。「因為第一次吃片木盒蕎麥麵，初看到時覺得很新鮮『這是什麼!?』，味道非常好。」(田中)「新潟土生土長的我對這裡的蕎麥麵也感到驚奇，香辛料的芥子與淺蔥請務必試試看。」(中村)

由屋

說到片木盒蕎麥麵，
一定會想到的名店

[地址] 十日町市上野甲2891土市第4
[營業時間] 10:30～18:30
[定休日] 週二(遇到節日會營業，並在之後一週內選一日休假)　[電話] 025-758-2077

地點
中条
MAP: P55
推薦者
中村翔子(銀座蔦屋Art Concierge)

民宿萬代

農家經營，
發起自主藝術祭的民宿

[地址] 十日町市中条甲1369
[住宿] 1泊2食6,500日圓起
[電話] 025-752-6627

螢火蟲、稻田、夕陽……若想充分享受田園樂趣，一定要來這處農家夫婦經營的民宿住一晚。自家種的稻米、新鮮現採的蔬菜與漬物是絕品。此外，「老闆自己發起了藝術祭，就在民宿前的田地讓作者展示作品」(中村)。大地藝術祭的影響力十分驚人。

製作年
2018年
地點
川治
MAP: P83

深澤孝史
Takafumi Fukasawa [Japan]

待月池

NEW

在已不使用的水池定期聚會

融合佛教與民間信仰精神的每月固定行事「二十三夜講」，舉行這項活動的供養塔建蓋在已有數十年未使用的農用灌溉水池的旁邊。川治地區的二十三夜講不知何時間開始信仰色彩逐漸薄弱，在供養塔四周舉辦的是給孩子們的祭典。創作者在失去存在意義的水池中放下小船，試著讓這座池子重新成為待月池。

製作年
2018年
地點
川治・妻有神社
MAP: P83

鬼太鼓座
The Ondekoza [Japan]

[RAGE Nonstop－連鎖激情] DA・打Hit&Silence!!!

夏日必觀賞鬼太鼓座

鬼太鼓座今年也將在妻有神社展現出色的表演。本次更邀請金屬樂團「OUTRAGE」的鼓手丹下真也，和太鼓與西式大鼓將展開激昂的音樂戰鬥。

[時間] 8/18(週六)18:30開演
[費用] 一般當日1,500日圓
[演出] 鬼太鼓座、丹下真也
[補助] 一般財團法人地域創造

安東尼・戈姆利
Antony Gormley [UK]

製作年
2009年
地點
二屋
MAP: P83

另一處奇點

空屋當中，宇宙源起

這是世界級的藝術家利用聚落中的空屋創作藝術作品的「空屋計畫」之一。在空空如也的屋中設置682條繩子，作品中心就是表示作家本身的人體。如同作品名宇宙起源的奇點所示，137億年前質量與時間與空間發生的瞬間涵括在其中。

---

doobu
doobu [Japan]

製作年
2012年～
地點
伊達
MAP: P83

苧麻的房間計畫2018

與聚落一起走過的歲月

跟當地交流日漸加深的創作者，以採取纖維使用的植物「苧麻」為主題，使用這裡野生的杜鵑等植物製作草木染的掛毯。當造訪掛著一面面花樣不同的染色帷幔掛毯更加亮眼的小屋，就能感受到這個地區豐富的資產。

草木染工作坊
[時間] 8/26、9/9·16·17（週日·假日）11:00～，14:00～ [費用] 一般1,500日圓，中小學生500日圓

製作年
2018年
地點
太田島
MAP: P83

托比亞斯・普提
Tobias Putrih [Slovenia / USA]

太田島公園

可以邊玩邊學習的水管公園

這是塑膠製的各種尺寸與顏色的水管所組成的複雜形狀作品。水管當中有附近河流引進的水循環流動，水聲也是有趣之處。還可以在水管組成的小池子裡玩水，並利用手管組合原創的各種裝置。除了是大人小孩同樂的地方，也是學習稻米是怎麼來的之地。

地點
十日町市西本町1丁目382番地1
MAP: P85
推薦者
編集部

十日町市博物館

出色的繩文陶器與民間器具之美

除了繩文迷必看的國寶火焰型陶器，還有稻草編的草鞋與披風、豪雪地專用的除雪器具，以及使用苧麻等素材製成的越後編布與絹織物，博物館內充斥著可說是民藝品等級的民間用具。藝祭會期中將舉辦特展「繩文陶器繚亂─十日町市的各種陶器」。

［地址］十日町市西本町1丁目382番地1
［參觀時間］9:00～17:00（入場時間至16:30為止）
［定休日］週一‧假日隔天‧年末年初
［費用］一般300日圓
［電話］025-757-5531

製作年
2015〜2018年
地點
土市站・越後水澤站
MAP: P83

幾米
Jimmy Liao [Taiwan]

Kiss & Goodbye・記憶信箱

從繪本故事延伸至場域的各種交流

藝術家幾米以JR飯山線為舞台而創作的繪本《忘記親一下 Kiss & Goodbye》，在2015年於土市站及越後水澤站設置的作品旁，進而延伸出的參與式藝術計畫。其一是運用台灣花燈結構技法設計造形，在地居民可種植爬藤植物，隨時間增長，與自然環境融合；其二是前來參觀的民眾可以在幾米創作的明信片上書寫幸福的訊息，並投遞於「記憶信箱」中，不論是在地居民或觀光客皆能參與交流。

T395

古郡弘
Hiroshi Furugori [Japan]

脆弱的歌垣

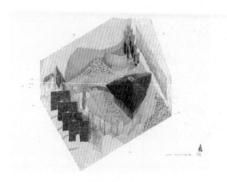

NEW

對古代的求愛產生遐想的茶室

從男女相互唱和求愛的歌謠的活動「歌垣」中得到靈感，創作有如烏鴉毛羽般的漆黑屋頂，與使用乾漆、鉛、金箔、木頭、古紙等材質製作的茶屋。以生命與初始、存在、女性等為創作主題的藝術家，花費6年以上的歲月製作了這件作品。2015年在松之山發表的作品，移築到BELNATIO的舊花房來。

T398

巴爾德萊米·圖果
Barthélémy Toguo [Cameroon / France]

Welcome

NEW

對流亡人們的獻辭

創作者這回選擇的舞台位於中手聚落的深處，被遺忘近50年的傳說中瀑布「黑瀧」。作品在途中設置了大大小小各種椅子，除了是讓因為行動而感到勞累的旅人休息之外，也為目前世界上頻傳的被迫流亡、尋求庇護人們而祈禱。

[補助] 法國文化中心

田島征三＋亞瑟・比納德
Seizo Tashima + Arthur Binard [Japan, USA]

製作年
2009年～、2018年
地點
鉢・舊真田小學
MAP: P83

身體之中、心裡深處

與生物快樂親近的空間

在創校130年後劃下句點的舊真田小學,透過創作者田島征三的 「空間繪本」 重生成為美術館。 在這次的藝術祭當中,他與詩人兼翻譯家亞瑟・比納德合作,以蝮蛇為主題創作了 「外面的空間繪本」。 花費許多心思考量地方生活與文化後,亞瑟的詩與田島的巨大蝮蛇在校舍登場了,並打造「環境與藝術」的新據點。

[贊助] HOLBEIN畫材株式會社
[協力] 株式會社MARUICHI、特定非營利法人SUNWORK KAGUYA

[地址] 十日町市真田甲2310-1
[改修設計] 山岸 綾
[參觀費用] 800日圓,藝術祭期間出示鑑賞護照免費
[電話] 025-752-0066

製作年
2018年
地點
繪本與樹木果實美術館
MAP: P83

Ohtaka靜流＋Asian Wings
Sizzle Ohtaka + Asian Wings [Japan]

BACCA＊GOHGI祭典！2018

每年慣例, 孟蘭盆舞與音樂會！

由音樂家Ohtaka靜流、無國界樂團
Asian Wings, 與田島征三及亞瑟・比納
德合作, 舞台美術邀請中里魯洲擔任, 讓
所有人一起跳舞歌唱, 一夜限定的超強
祭典即將展開！

[時間] 8/12(週日)18:00開演
[費用] 一般當日2,000日圓

地點
繪本與樹木果實美術館
MAP: P83

Hachi Café

以舌頭品嚐「空間繪本」

舊小學的整座校舍都是「空間繪本」的美術
館, 有一間設置為咖啡館。使用當地摘採的蔬
菜做的餐點, 講究素材的甜點與飲料讓人大飽
口福。這個夏天將重現田島征三繪本中出現的
開心料理, 準備了讓人也能親自以味蕾感受「空
間繪本」魅力的菜單。

午餐除了有滿滿蔬菜的咖哩盤(如圖, 1,300日
圓), 還有特製餐點。甜點與飲料等菜單與營業
時間詳情請參考P213。

津南地區

津南是個至今仍保持獨特色彩的地區。
龍現代美術館(P116)與香港部屋(P122)為首的亞洲藝術,
越後妻有「上鄉劇場館」(P118)展開的表演藝術。
還有沿著中津川美麗的溪谷溯游而上,將會進入秋山鄉這個祕境。
各自豐富的魅力,在翠綠的里山間互相共鳴。

在里山展現的最前衛東南亞藝術
長期持續與創作者交流的聚落

位在可以望見河階台地的廣大公園 MOUNTAIN PARK 津南的龍現代美術館,今年開始新增加第三個海外交流據點,香港部屋。這一區集合了東南亞的藝術作品,在這種深山地區還可以欣賞這麼多海外創作者的作品,也只有在大地藝術祭才有機會了。

居民也一起參加戲劇與舞蹈表演的據點
真正的「里山劇場」,上鄉劇場館

若提到大地藝術祭相關的表演藝術據點,就是上鄉劇場館了。這次除了演出各種劇目,附設餐廳裡服務的當地婆婆媽媽也會登場表演呢。在自然豐富的里山中突然出現了座劇場,只有在這裡才能有這種體驗。

絕景、溫泉與獵師的後裔
前來的旅人會想造訪的祕境,秋山鄉

獲選為「日本祕境100選」的秋山鄉,幾乎是個與周遭使用方言全然不同的與世隔絕的祕境。非常推薦此地以石垣圍起來的梯田,宛如遺跡般的絕景,各個聚落也是擁有自己溫泉源頭的溫泉鄉。據說傳統的山野獵師之發祥地秋田縣有許多人移居到此地。喜歡探索祕境的人別錯過這裡。

MOUNTAIN PARK 津南
詳圖參照 P113

豐原隧道

M043
M068
越後鹿渡駅
353

JR飯山線

清津大橋

Najyomon
（農業與繩文體驗實習館）

外丸小学校前

M058

A004（巴士內作品）
靠近津南綜合旅遊中心

ANNEX山伏山森林公園

無印良品津南露營場

M026,
M060
（上野公民館）

★M052,M063,M064
越後妻有「上鄉劇場館」
（舊上鄉中學）

M011

津南站

信濃川橋

大割野

中津川橋

津南役場前

津南町観光協会

M062

M028

越後田中駅

M019

森宮野原駅

至長野県栄村

道之驛榮

宮野原橋

田中温泉

Kurhaus津南
津南觀光物產館

小下里温泉
露營場

向日葵廣場

津南町歷史民俗資料館

中深見本村

石坂隧道前

中深見

M037

上鄉橋

谷內公民館前

谷內

★M065,M066
香港部屋

龍窪温泉
全國名水百選龍窪

M059

中津川

名勝・天然紀念物
田代の七釜

New Greenpia
Tsunan

登山甪林道
（一般車通行禁止）

大地的鼓動
津南見玉公園

豐太田新田

見玉不動尊

M056

登山用林道
（一般車通行禁止）

M067
（石垣田の作品）

川津屋

M014
片栗之宿

上結東
萌木之里

清水川原橋

M067
（蜂箱的創作）

前倉橋

大赤澤

至長野栄村

N
W　　E
S

0　　1km　　2km

ℹ 大地藝術祭津南綜合旅遊中心
［地址］津南町下船渡丁7997
［營業時間］9:00～18:30　會期間無休

ℹ Toya澤旅遊詢問中心（M043《土石流紀念碑》前）
［地址］津南町三箇
［營業時間］10:00～17:30　會期間無休

本區可參觀作品

〈辰口〉
M043　土石流紀念碑 ｜ M068　虹吸引水紀念碑
磯邊行久 Yukihisa Isobe [Japan] (P128、P139)

〈美雪町〉
M058　Warp Cloud　達米安・奧爾特加 Damiáne Ortega [Mexico] (P114)

〈谷內〉
M059　送水　田口行弘 Yukihiro Taguchi [Japan] (P115)

〈田中〉
M037　Air for Everyone　安・漢密爾頓 Ann Hamilton [USA] (P115)

〈上野〉
M011　喜鵲之家　金九漢 Kim Koohan [Korea]
M026　穿越時空之旅　管懷賓 Guan Huaibin [China]
M060　河的對岸，呼喊船隻的聲音　中谷Michiko Michiko Nakatani [Japan] (P117)

〈MOUNTAIN PARK津南〉
★M001　龍現代美術館　蔡國強 Cai Guo-Qiang [China / USA] (P116)
　　　　M061　幸福花　王思順 Wang Sishun [China] (P116)
M002　羚羊家族　高爾基・查普康諾夫 Georgi Tchapkanov [Bulgaria]
M003　樹林　本間純 Jun Honma [Japan]
M005　再生　栗村江利 Eri Kurimura [Japan]
M024　0121-1110=109071　李在孝 Lee Jae-Hyo [Korea]

〈穴山〉
M028　跨越國境・山 ｜ M062　跨越國境・絆
林舜龍 Lin Shuen Long [Taiwan] (P117)

M019　「記憶－紀錄」足瀧的人們　霜鳥健二 Kenji Shimotori [Japan]

M011

112

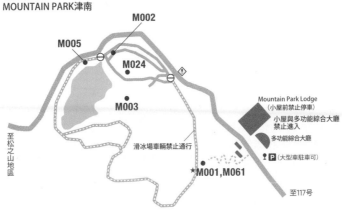

詳細地圖

MOUNTAIN PARK津南

M002

M005

M024

M003

Mountain Park Lodge
（小屋前禁止停車）

小屋與多功能綜合大廳
禁止進入

多功能綜合大廳

P（大型車駐車可）

至松之山地區

滑冰場車輛禁止通行

★M001, M061

至117号

〈上鄉〉

★M052　越後妻有「上鄉劇場館」 改修設計＝豐田恒行 Tsuneyuki Toyoda [Japan]（P118）

M053　無題 波拉・彼薇 Paola Pivi [Italy / USA]

M057　「上鄉劇場館」招牌標誌 淺葉克己 Katsumi Asaba [Japan]

M063　上鄉樂園－四季之歌 尼古拉・達羅 Nicolas Darrot [France]（P119）

M064　上鄉劇場館 餐廳「北越雪譜」
Restaurant Kamigo Clove Theatre "Hokuetsu Seppu"（P119）

★M065　香港部屋 建築設計＝葉晉亨及團隊
Yip Chun Hang and Team [Hong Kong]（P122）

M066　津南遺失博物館
梁志和＋黃志恒
Leung Chi Wo + Sara Wong [Hong Kong]

〈太田新田〉

M056　相遇DEAI Bubb & Gravityfree with KEEN
[Japan]（P126）

〈結東〉

M014　熔壁 本間純 Jun Honma [Japan]

M067　石垣田作品、蜂箱作品、結東的另一件作品
島袋道浩 SHIMABUKU [Japan]（P127）

A001　妻有路標 瓊澤・戴・格姆拉伊斯
José de Guimarães [Portugal]（地圖上的 △ ）

A004　25分鐘後 伍韶勁
Kingsley Ng [Hong Kong]（P200）

M
津
南
地
區

M014

達米安・奧爾特加
Damiáne Ortega [Mexico]

製作年
2018年
地點
美雪町・舊關芳機織工場
MAP: P111

Warp Cloud

像窗簾那樣編織

在過去為紡織工廠的空間中，創作有如複雜的線與花紋編織的窗簾那樣，編織、重疊的作品。創作者所處文化的墨西哥神話當中，織物能將天國與大地結合為一體。在這樣的想法下，創作者利用建築物一樓與二樓的空間，從天井垂下的線上掛著球，最底下設置了水滴狀的墜子，組合成水分子似的結構。像雲一樣飄浮的這件作品，喚起舊工廠的歷史與文化。

[補助] 墨西哥大使館

製作年
2018年
地點
谷內·龍神之館
MAP: P111

田口行弘
Yukihiro Taguchi [Japan]

送水

以神祕池塘為主題的新作

這兩件新作品以留下數則龍神傳說的幻想池塘「龍窟」為舞台，影像作品是作為當地生活用水的龍窟之水，以人們手提接力的方式，將水注入桶子裡的模樣。裝置藝術部分則製作了巨大木桶，讓鑑賞者進入木桶內部，水從木桶側面流過，寫下有關水的語言與故事。

製作年
2012年
地點
田中
MAP: P111

安·漢密爾頓
Ann Hamilton [USA]

Air for Everyone

幻想的職人工房

透過藝術作品讓聚落裡的空屋甦醒過來的「空屋計畫」之一，是將過去板金職人生活的屋子化為作品。空間設定是製作奇妙工具的職人的工房，工作間裡放著著各項工具。當室內的鐘響起時，透過聲音，家與聚落間彷彿連結起來，即使看不到人們也能感受到動靜的設計。

製作年
2000年～、2018年
地點
上野・MOUNTAIN PARK津南
MAP: P113

王思順
Wang Sishun [China]

幸福花

看不見的戰鬥

龍現代美術館是國際級的藝術家蔡國強，將故鄉中國福建省已廢棄的磚造龍窯移築過來，作為美術館空間。至今知名藝術仍在這個極為獨特的空間展示作品。這次邀請的是中國的王思順，冬季時來現場考察的創作者，想在龍窯覆蓋上一層黃花。新栽種的花朵在與野生的植物彼此競爭之中會逐漸成長吧。

蔡國強
龍現代美術館

[地址] 津南町上野MOUNTAIN PARK津南區域內
[館長兼策展人] 蔡國強

製作年
2018年
地點
上野公民館
MAP: P111

中谷Michiko
Michiko Nakatani [Japan]

河的對岸，呼喊船隻的聲音

過去曾有過的與消失的事物

創作者對往昔住在上野聚落的老人家進行田野調查，詢問有關外出工作或娶老婆時等故事。創作者以這些為主題，製作不同角度下印象各異的浮雕。將「有過的與消失的事物」化為作品，搭配公民館內部全白的內裝，表現出「在純白景色中浮現了鮮明的記憶」的意象。

[贊助] HOLBEIN畫材株式會社

M 津南地區

製作年
2018年
地點
穴山
MAP: P111

林舜龍
Lin Shuen Long [Taiwan]

跨越國境・絆

在杉樹林中出現稻草編圓頂屋

繼2009年的《跨越國境》、2015年的《跨越國境・村》之後的新作品。當地的居民們一起用稻草編織繩索，製作出有如蜂巢般的圓頂狀巨大空間。設置在杉樹林繩索間，風與光線穿透過這作品。與周遭樹林形成有機性的連結，可說是座仿生建築作品。

[協力] 宜蘭縣冬山鄉珍珠社區發展協會

製作年
2015年～
地點
舊上鄉中學
MAP: P111

越後妻有「上鄉劇場館」

地方打造的里山劇場

這是將已廢校的中學改修為表演藝術空間的據點。表演者們住在設施中，與當地居民交流，也可以在此練習或表演作品。藝術創作的部分除了淺葉克己的招牌標誌（上圖）、波拉·彼薇的作品（下圖），這次還增加了尼古拉·達羅（P119）的新作。

[地址] 津南町上鄉宮野原7-3
[改修設計] 豐山恒行
[費用] 使用香港部屋共通券500日圓,藝術祭會期間出示鑑賞護照免費
[電話] 025-755-5363

製作年
2018年
地點
越後妻有「上鄉劇場館」
MAP: P111

尼古拉・達羅
Nicolas Darrot [France]

上鄉樂團—四季之歌

NEW

演奏故事的劇場

在已廢校的中學教室中，製作了仿古民宅的舞台，從天井垂下以當地象徵的雪景為意象的布幕，動物外形的機械人偶所組成的上鄉樂團，將從當地民眾那裡收集來的故事，編製成樂曲演奏，創造出物語世界，是劇場型的作品。

[補助] 法國文化中心

製作年
2018年
地點
越後妻有「上鄉劇場館」
MAP: P111

上鄉劇場館餐廳「北越雪譜」

NEW

[企畫・料理] EAT & ART TARO
[腳本・導演] 野津Aoi
[營業時間] 13:30～14:20(週四定休)　15:00～午茶時間
[費用] 午餐套餐2,000日圓(預約制)
「上鄉劇場館」公式HP(clove-theatre.jp)6/20日(週三)開始接受預約。若預約未滿席接受當天現場客人。咖啡廳營業時間請參考P213。

食物也是「戲劇」!?

除了當地婦女使用當地食材親手作的料理外，在為客人呈上料理、直到客人用餐前，餐廳內也提供全套戲劇表演，是一家表演餐廳。EAT & ART TARO使用當地蔬菜與食材，開發特別的菜單。野津Aoi以《北越雪譜》的世界為主題創作腳本，讓當地的婆婆媽媽們能一邊演戲一邊為客人提供料理。

E071

香港演藝學院
The Hong Kong Academy for Performing Arts [Hong Kong]

製作年
2018年
地點
越後妻有「上郷劇場館」
MAP: P111

論疊韻

香港的原創粵語歌劇

以香港傳統的「粵劇」與弦樂四重奏、中國的鑼鼓為主軸的原創劇目。公演後將上映製作過程的紀錄片，與觀眾尋索戲劇、音樂的可能性。

[時間] 8/4（週六）18:00開演
[費用] 一般當日2,500日圓
[製作團隊] 蛙王（郭孟浩）、甘聖希、江駿傑、胡瑋樂、黃子健、陳麒匡、江紫櫟、簡僖進、周以衡、李敏聰、王億峰　※粵語公演（日語字幕）

E072

Sample／松井周
Sample / Shu Matsui [Japan]

製作年
2018年
地點
越後妻有「上郷劇場館」
MAP: P111

自豪的兒子

公開劇團的代表節目

將第55屆岸田士戲曲獎的得獎作品，在越後妻有的森林與河川的氣息交織下，新的演員登場演繹。

[時間] 8/31（週五）、9/1（週六）、9/2（週日）18:00開演
[費用] 一般當日2,500日圓
[編劇、導演] 松井周
[演出] 野津Aoi、日高啓介、稻繼美保、橫田遼平、伊藤Kimu等
[補助] 文化廳文化藝術振興費補助金（劇場・音樂堂機能強化推進事業）｜獨立行政法人日本藝術文化振興會

製作年
2018年
地點
越後妻有「上鄉劇場館」
MAP: P111

霓虹舞蹈
Neon Dance [UK]

益智拼圖

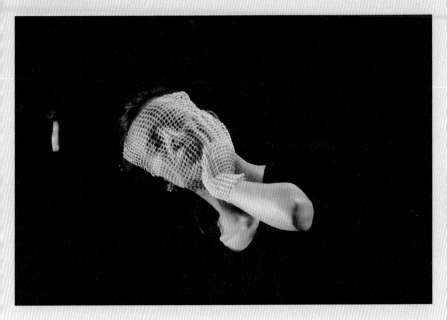

同時創造身體的可能性

從事國際性活動的舞蹈團，從藝術家荒川修作＋
Madeline Gins 的世界受到啓發而製作這套舞台節
目。並且仿效荒川與 Gins 的創作之源海倫·凱勒，
讓舞者使用日英的手語，再加上立體的音樂與燈光
照明，刺激身體知覺的裝置，是非言詞的語言交織
而成。似乎是有障礙但又不是這麼回事，各自以身
體讓人感受作品，不知不覺間觀者與表演者之間產
生了交流。

[時間] 9/15(週六), 9/16(週日)18:00開演
[費用] 一般當日2,500日圓
[編舞] Adrienne Hart
[演出] Luke Crook、Mariko Kida、Carys
Staton
[音樂] Eliane Radigue、Sebastian
Reynolds
[舞台美術] Numen / For Use
[服裝·小道具] Ana Rajcevic
[英文手語] Jemima Hoadley
[日文手語] Chisato Minamura
[補助] 文化廳文化藝術振興費補助金（劇
場·音樂堂機能強化推進事業）|獨立行政法
人日本藝術文化振興會

M
津
南
地
區

製作年
2018年
地點
上郷
MAP: P111

建築設計＝葉晉亨及團隊
Yip Chun Hang and Team [Hong Kong]

香港部屋

藝術祭第三個文化交流據點

香港部屋為香港在越後妻有的文化交流據點，可作駐
場創作兼展示場地的功能。建築師為威尼斯建築雙
年展上受到注目的香港年輕建築師葉晉亨及其團隊，
在公開徵件當中脫穎而出。除了與香港的大學、文化
機構及團體等合作，持續展開各種地方交流計畫之
外，藝術家、表演者與文學作者亦可在此居留創作或
展示作品。會期中亦會舉辦各種文化交流活動。

[地址] 津南町上郷宮野原29-4
[建築基本設計] 葉晉亨、吳鎮麟、許崇正、
劉駿達、李烈君、劉業斐、游超婷
[實施設計] 大平政志
[主辦] 康樂及文化事務署
[協辦] 香港演藝學院
[籌畫] 藝術推廣辦事處
[支援機構] 香港特別行政區政府駐東京
經濟貿易代表部
[活動協作] 聲音掏腰包、字花、Art
Appraisal Club、香港版畫工作室
[入場費用] 使用上郷劇場館共通券500
日圓，藝術祭會期間出示鑑賞護照免費參
觀

製作年
2018年
地點
香港部屋
MAP: P111

梁志和＋黃志恒
Leung Chi Wo + Sara Wong [Hong-Kong]

津南遺失博物館

以藝術建立被遺忘的人和事

在鏡頭下無意被拍攝的人物，不知不覺成為歷史的見證者，然而在大事件及歷史的論述下，影像的聚焦點只集中在主角上，旁邊那些無名個體的存在往往被忽略。藝術家藉著與居民的分享交談，走入歷史的瞬間，與他們重遊那被捕捉的過去，一起尋找被遺忘的人。會期中會舉辦攝影工作坊（詳情請參考官方網頁）。

M
津南地區

more info

香港部屋舉辦的活動

接觸香港多采多姿的文化

［活動日期］
8/4(週六)16:30〜　Art Appraisal Club《Story-telling with Photos and Experiences in the Field》(香港部屋作品導覽＋交流會)
8/4(週六)18:00〜　香港演藝學院《論疊韻》(公演場地為上鄉劇場館, P120)
8/4(週六)、8/5(週日)14:00〜　陳麗娟(字花)《Object in Exchange for your stories》(交換故事活動)

8/18日(週六)、8/19日(週日)16:00〜　李智良(字花)《Dislocation and Unbelonging - Reading and Sharing》(讀書會)
［藝術家　畫］
2018年　聲音掏腰包：蘇瑋琳／字花：陳麗娟、李智良
2019年　尹麗娟
2020年　L-sub(白雙全、胡敏儀、嚴瑞芳)

製作年
2018年
地點
香港部屋
MAP: P111

蛙王・郭孟浩＋香港演藝學院
Frog King + The Hong Kong Academy for Performing Arts [Hong Kong]

UFrogO入侵香港部屋

蛙托邦會是什麼樣子呢？

蛙王將在上鄉地區使用日常用品與具香
港特色的物品進行即興表演，還會舉辦
與現場觀眾的裝扮攝影活動，並在網路
上作 24 小時全天候直播。

[公開表演]
24小時網路直播＝7/28(週六)17:00〜7/29(週
日)17:00
表演＝7/29(週日)16:00開演

製作年
2018年
地點
香港部屋
MAP: P111

聲音掏腰包
soundpocket [Hong Kong]

細聲公

在上鄉裡聽見香港的聲音

聲音掏腰包是香港部屋的駐場藝術團
體，他們把在香港收錄的環境聲音，透
過「細聲公」在香港部屋與村落中的數
個地方播放。沿著上鄉地區，一邊欣賞
村落的美景，一邊傾聽香港環境聲音的
體驗型活動。

[時間] 會期中每日舉辦　詳情請見官方網頁

擴大與海外交流的網絡

在苦惱於人口外流與高齡化問題的區域舉辦藝術祭,
為什麼有這麼多藝術家參與呢?
大地藝術祭不只是為了提高作品質而已,
其實也為了跟有遠見的藝術家們彼此合作。
在此也一併介紹與海外的文化機構及自治體的交流發展。

大地藝術祭自第1屆開始就有許多海外創作者參與,將這個深山地區向世界展開。參與國家年年增加,從第1屆的32個國家到這次第7屆,共有44個國家的藝術創作者。藝術家到這地區的所在創作位置展現「世界」,而透過協同合作,聚落也和海外直接產生連結。此外,也有不少大使館與外國機關也認同大地藝術祭的主辦精神,所以特別陳述他們如何支援藝術家的創作。

第1屆在蔡國強的「龍現代美術館」所在的津南地區,東亞藝術村誕生,穴山聚落也與台灣兩個村落結為姊妹藝術村,互相提攜。松之山的浦田地區在澳洲政府的支援下,建立了澳大利亞之家(P156),松代的室野聚落有中國的華園(P173),而這個夏天,香港特別行政區政府籌畫的香港部屋在津南的上鄉地區開幕(P122),透過聚落透過人與海外的交流,應該會越來越熱絡吧。

大地藝術祭所開拓的「透過藝術進行社造」,以瀨戶內國際藝術祭為首,擴展到日本各地,不只與全國舉行的藝術祭產生連結,也影響了世界許多地區。另外,藝術總監北川富朗的著作《北川富朗大地藝術祭:越後妻有三年展的10種創新思維》(遠流),在台灣、中國、美國與韓國相繼翻譯出版。而中國農業部也以新地域再生為目標,預定舉辦新的「大地藝術祭」。

在瀨戶內國際藝術祭的協力互助下,採行「透過藝術進行地方創生」理念的亞洲各地區的藝術、文化機構與自治體,越來越多了。為了尋求越後妻有經驗,海外來的觀光客、支援志工也增加。現今,藝術促成人類的移動,與世界上有志一同的人們,一起促成各地域的連攜互助。

Bubb & Gravityfree with KEEN
Bubb & Gravityfree with KEEN [Japan]

相遇 DEAI

始於在空屋內遇到的一只草鞋

以稻草編織為意象，還有從DEAI看到的四季風景來陳設，這件作品同時也是公共社區中心。週末會有鞋類品牌KEEN在此進行公益販售，9月會仰望夜空舉行天體觀測活動。

［活動］
①每週六、日　公益販售「Feel good store By KEEN」
②9/8（週六）、9/9（週日）「前往中津川銀河天體宇宙觀測與夜晚的DEAI初公開」活動　※雨天中止

秋山鄉結東溫泉
片栗之宿

住在「祕境100選」之里的小學裡

這座100年以上歷史的小學，改建為宿泊設施，這個地區因為位處極偏僻之地，所以曾有免除義務教育的歷史。基於對地方上人們的教育與廢校活用的思索，被這個地方給吸引住了的年輕團隊接手經營這裡，提供創作料理。水池是本間純的作品，在日本數一數二的絕景，結東的石垣田與清流·中津川的豐富自然環境中，優閒的休息一會吧。

［地址］津南町結東子450-1
［宿泊］1泊2食成人9,200日圓～
［日歸溫泉］成人500日圓
［電話］025-761-5205
※住宿請在入住的4日以前預約

製作年
2018年
地點
結東等地
MAP: P111

島袋道浩
SHIMABUKU [Japan]

石垣田作品、蜂箱作品、結東的另一件作品

在祕境秋山鄉的自然環境中

這是以秋山鄉、結東聚落為中心展開的三件作品。其中一件是在石垣田讓花盛放的作品，8/11（週六）邀請音樂家青葉市子來舉辦音樂會。另一件作品是使用蜜蜂的蜂箱創作的。那麼最後一件呢？作者說：「不到最後關頭無法完成。如果有那樣的作品一定很棒。」

E076

製作年
2018年
地點
結東，石垣田
MAP: P111

青葉市子
Ichiko Aoba [Japan]

白色之聲與花

在石垣田聽見歌聲

音樂家青葉市子，以充滿詩意和透明感的歌聲吸引許多歌迷。除了和其他音樂家也和許多藝術家合作的她，這次在島袋道浩的製作邀請下，來到秋山鄉結東的石垣田舉辦演唱會。

[時間] 8/11（週六）16:30開演
[料金] 大人1,000日圓，高中生以下免費

磯邊行久
Yukihisa Isobe [Japan]

製作年
2015年、2018年
地點
辰之口・防砂水壩, 水庫
MAP: P111

土石流紀念碑｜虹吸引水紀念碑

磯邊企畫展的津南展示作品

本屆藝術祭的代表作家之一，磯邊行久 (P137)
的作品。《土石流紀念碑》是 2011年長野縣北
部地震時發生的土石流的流布範圍視覺化作
品。《虹吸引水紀念碑》是以埋設在聚落地底
下280公尺的水力發電用暗渠為主題，將其中
水的流動與聲音可視化。

地點
辰之口・防砂水壩, 水庫
MAP: P111
推薦者
安藤美冬(自由作家)

津南的水

全國知名
名水中的名水

身為「水怪」，曾經喝過世界各地各種水的安藤，
評論人生中喝過最棒的水，是津南的水。「雖
然只是隨意在片栗之宿 (P126) 的房間一角放
置的水，可是真的好好喝。請一定要大口大口
灌下這水（笑）」(安藤)，津南的湧泉也有在全
國的全家便利商店中販售。

觀賞藝術祭

作品導覽
～里山・土木篇～

中里
松之山
松代

接著要介紹「里山・土木篇」。連結中里、松之山、松代三個
地區的路徑，是從魚沼丘陵往清津川下行，渡過信濃川，再
越過東頸城丘陵。把幾乎沒有平地的土地改闢成人工耕地。
在這裡能見識到人們的智慧與付出的勞力。當然，說是藝術
也不為過，希望大家能好好觀賞。

中里地區

JR飯山線越後田澤站附近,支流的清津川在此注入信濃川。
沿著具開放感的河川,作品散布在中里地區。
下流有日本三大峽谷之一的清津峽,壯觀的柱狀節理高高聳立。
清津峽隧道的《潛望鏡》《光洞》(P134),巨大牆壁具壓倒性聲勢的《POTEMKIN》(P142),
猶如大地藝術祭的骨幹之象徵性創作者磯邊行久的作品群也可以在這區見到。

清津川切割的巨大岩壁
從清津峽望見雄大的歷史

壯觀的岩壁與翡翠綠的清流造就這幅溪谷美景,這座清津峽中,岩漿凝固時形成柱狀岩石,所以在此可以觀察被稱為「柱狀節理」的獨特岩壁。1600萬年前海底火山噴發時形成,經過長年累月的形成山脈,再經過河川的下切而在山裡形成峽谷,讓人親眼目擊大自然的力量。

清津倉庫美術館
演變而成的新作 [Soko]

2015年,舊清津峽小學經過改建成為當地最大的美術館《清津倉庫美術館》,去年10月,再度改修為《磯邊行久越後妻有清津倉庫美術館 [Soko]》。對於跟大地藝術祭有深遠關係的創作者磯邊行久,這裡是了解他創作歷程的重要地點。

同時可以欣賞作品的重要景點,
中里地區的玄關口,越後田澤站

位於中里地區中心位置的JR飯山線越後田澤站。車站歷史悠久,開業可溯及1927年。雖然是座無人站,與附近不同的是,這裡有公廁設備,與月台平行設置的作品《船之家》,與展示在這棟建築物裡的河口龍夫作品(P143)請務必前往參觀。

Mion Nakasato周邊

詳圖請見 P133

當間高原度假中心入口

越後水澤站

新屋敷

宮中

JR東日本宮中水塔

Mion Nakasato

越後田澤站

宮中橋

小原

JR 飯山線

清津大橋

N009

N010

N028（桔梗原Uruoi公園）

倉俣大橋

N034,058（清津川Fresh Park）

Yukura妻有

Yukura溫泉

POTEMKIN

N019

倉俣学校前

釜川橋

釜川

白羽毛

N017,N071（舊高道山小學校跡）

N012

魚沼 Sky Line

N052

N056

清津峽溫泉瀨戶口之湯

清津峽隧道

土倉

N054,N081

萬年橋

十二峽隧道

至関越自動車道 塩沢石打I.C. 国道17号線

清田山露營場

清津峽入口

湯處Yoheri

清津峽小出溫泉

日本三大峽谷 清津峽

N021（七釜公園）

名勝・天然紀念物 田代的七釜

N079,N080

★N072,N082
磯邊行久越後妻有
清津倉庫美術館〔SoKo〕
（舊清津峽小學校）

登山用林道
（一般車通行禁止）

★ 清津倉庫美術館旅遊詢問中心

[地址]十日町市角間末1528番地2
[營業時間]10:00～17:30　會期間無休

柳門

南平

登山用林道
（一般車通行禁止）

下之代

小松原濕原

中之代

上之代

高石山

N

W — E

S

0　1km　2km

黑岩平

本區可參觀作品

〈小出〉
N079 **潛望鏡** | N080 **光洞**
馬岩松／MAD Architects Ma Yansong / MAD Architects [China] (P134,135)
*N054 **映射屋** | N081 **編織回憶** 東京電機大學日野研究室＋共立女子大學堀小組
Tokyo Denki University Hino Lab. + Kyoritsu Women's University Hori Lab. [Japan] (P140)

〈角間〉
*N072 **磯邊行久越後妻有清津倉庫美術館**[SoKo]
　　　改修設計＝山本想太郎 Sotaro Yamamoto [Japan] (P136)
　　　N082 **企畫展「磯邊行久的世界－從符號到環境」**(P137)

〈西田尻〉
N052 **空氣粒子／西田尻** 青木野枝 Noe Aoki [Japan] (P140)

〈東田尻〉
N012 **中里稻草人庭園** 克里斯・馬修Chris Matthews [UK] (P141)

〈白羽毛〉
N017 **LIKE SWIMMING** 白羽毛集落的孩童＋青木野枝 Children in Shirahake, Noe Aoki [Japan]
N071 **田間之圓／白羽毛** 青木野枝 Noe Aoki [Japan]

〈桔梗原〉
N028 **為了無數失去之窗** 內海昭子 Akiko Utsumi [Japan] (P141)

〈芋川〉
N034 **永恆** 吉田明 Akira Yoshida [Japan]
N058 **清津川新聞中心「KIYOTZ」** 設計＝槻橋修＋TEEHOUSE 建築設計事務所
Osamu Tsukihashi＋ARCHITECETS TEEHOUSE [Japan]

〈倉俁〉
N019 **POTEMKIN** Casagrande & Rintala 建築事務所Architect Office Casagrande & Rintala
[Finland] (P142)

〈清田山〉
N056 **妻有喀喀風車** 達丹・克理斯坦 Dadang Christanto [Indonesia] (P142)

〈田代〉
N02 **蛇道** 安妮・格拉漢姆Anne Graham [UK / Australia]

〈通山〉
N010 **向北至日本(74°33′2″)** 理查德・威森Richard Wilson [UK]

〈山崎〉
N009 **克雪人** 牛波 Niu Bo [China]

〈田中〉
*N060 **船之家** Atelier Bow-Wow＋東京工業大學塚本研究室Atelier Bow-Wow＋Tokyo Institute
　　　Technology Tsukamoto Lab. [Japan] (P130, P143)
　　　N061 **航向未來** | N062 **從水上誕生的心之杖** 河口龍夫 Tatsuo Kawaguchi [Japan] (P143)

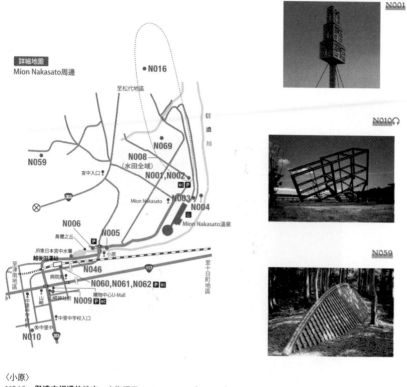

N001

N010

N059

〈小原〉

N046 **與遠方相遇的地方** 內海昭子 Akiko Utsumi [Japan]

〈宮中〉

N001 **鳥屋** 荷梅・潘薩 Jaume Plensa [Spain]
N002 Blooming Spiral 讓・尚弗朗索瓦・布倫 Jean-François Brun [France]
N003 **河岸的燈籠** CLIP [Japan]
N004 **為了溫暖的印象～信濃川～** 坂口寬敏 Hirotoshi Sakaguchi [Japan]
N005 **妻有植樹** 洪性都 Hong Sung-Do [Korea]
N006 **最長的河流** 奧魯・奧朱貝 Olu Oguibe [Nigeria]

〈堀之內〉

N008 **河川到哪去** 磯邊行久 Yukihisa Isobe [Japan] (P138)
N016 **信濃川過去的流經位置比現在高25公尺－漂浮在空中的信濃川的軌跡**
　　　 磯邊行久 Yukihisa Isobe [Japan] (P139)
N059 **龍尾** 李成泰 Lee Seung Taek [Korea]

A001 **妻有路標** 瓊澤・戴・格姆拉伊斯José de Guimarães [Portugal] (地圖上的△)

馬岩松／MAD Architects

Ma Yansong /
MAD Architects [China

潛望鏡

NEW

透過潛望鏡向外看

越後妻有代表性的名勝之一，清津峽溪谷隧道，這裡新建入口設施，隧道設施的改修由MAD Architects負責。隧道看起來有如與外界隔絕的潛水艇，得透過潛望鏡才能見到外面景象，各作品以此概念展開。入口設施一樓是服務櫃台與咖啡廳，二樓則設有足湯，一邊泡湯一邊往上看，自然風景從開啟的潛望鏡圓窗貫入。潛望鏡究竟是窗是洞穴還是鏡呢？我們又將探索些什麼呢？

N080

製作年
2018年
地點
清津峽溪谷隧道
MAP: P131

光洞

在隧道裡進行藝術探險

全長750公尺的隧道最適合遠眺途中的清津峽絕景的地方，是終點的全景展望台，並在此展開作品。在終點可以見到反轉倒映清津峽景觀的「水盤鏡」夢幻的畫面。

[地址] 十日町市小出
[開坑時間] 8:30～17:00 (最後入坑16:30)
[費用] 800日圓，藝術祭會期間出示鑑賞護照免費
[電話] 025-763-4800

地點
小出
MAP: P131
推薦者
岩渕貞哉 (《美術手帖》編集長)

湯処よーへり

當地人喜愛的共同浴場

越後妻有除了名湯松之山溫泉外，還有約30處溫泉與10處以上的簡易公共溫泉（立ち寄り湯）。其中岩渕先生推薦的是清津峽入口處的湯処よーへり。「開車準備回東京時，想簡單泡個溫泉時很適合。山間小小的溫泉街風景為旅途的最後增添一點趣味。」

[地址] 十日町市小出癸2126-2
[營業時間] 10:00～20:00
[定休日] 週三 (1月上旬～3月底休)
[入浴費用] 大人400日圓
[電話] 025-763-3050

製作年
2015～

地點
舊清津峽小學
MAP: P131

磯邊行久
越後妻有清津倉庫美術館［SoKo］

Photo by Sataro Yamamoto

都市與地區「交換」的美術館

基於「展示同時保管」的新發想，舊清津峽小學的
體育館翻新成為清津倉庫美術館，並於2015年開
館。後來舊校舍進一步全館改裝，去年10月改名為
［SoKo］全新出發。這座美術館自2000年以來一
直發表以越後妻有的土地為主題的作品，並以猶如
大地藝術祭思想骨幹的磯邊行久作品，作為常設展
示的主軸，在此收藏磯邊行久為首的藝術家創作。

配合藝術祭開幕，設施內的附設咖啡廳營業。詳情參考P212。

[地址]十日町市角間未1528-2
[改修設計]山本想太郎
[費用]800日圓，藝術祭會期間出示鑑賞護照免
費
[補助]一般社團法人自治綜合中心

製作年
2018年
地點
磯邊行久越後妻有清津倉庫美術館[SoKo]
MAP: P131

企畫展
「磯邊行久的世界－從符號到環境」

磯邊行久與越後妻有的足跡

這個企畫展介紹創作者自1950年代至今的創作全貌。包括初期的作品以及調查越後妻有環境的1999年計畫，還有將2000年以後的紀錄化作信濃川河階台地上的立體模型，所構築的動態空間很受注目。這是可以同時了解作家思想與越後妻有的大地變遷過程的珍貴機會。

more info

磯邊行久的思想與「大地藝術祭」的關連

1935年出生於東京的磯邊，大學入學後即參加美術運動。50年代後半期～60年代前半期，在充滿年輕新血的日本現代美術界旋即成時代寵兒，在國際上也獲得高評價。1965年藉著在歐洲開個展的機會移居到紐約。然而，那時他離開藝術創作道路，轉而投身生態環境的研究。歸國後從事環境規劃工作累積資歷，90年代重拾藝術創作工作。96年就已開始進入越後妻有構想的準備階段，負責調查當地的環境。這裡所展示的地域特性，就是日後「大地藝術祭」計畫的主要架構。
磯邊的活動一貫地關心世界究竟是被什麼所掌握。他極力接近探究個別要素，然後運用可視化的手法將地方整體的地形、氣候與生活的累層表現出來，此外，透過長期的活動，成了地球環境開拓藝術原有可能性時代之代表性藝術家。

製作年
2018
地點
堀之內、辰之口（津南）
MAP: P133、P111

磯邊行久
Yukihisa Isobe [Japan]

信濃川 水路計畫

重現越後妻有田野的3件作品

這是創作者花費近20年時間，將走遍越後妻有田野調查而來的地形、氣候與風土資料可視化的壯大計畫。2018年的新作為《虹吸引水紀念碑》（P128），到目前為止的作品有《河川到哪去》（2000年）、《信濃川過去的流經位置比現在高25公尺－漂浮在空中的信濃川軌跡》（2003年）、《農舞樂回廊》（2006年）、《古信濃川的自然堤防在這裡》（2009年）、《土石流紀念碑》（2015年），以下介紹今年再現的3件作品。

N008 《河川到哪去》

在久遠的歷史中不斷改變姿態的信濃川，近年因為田地整備與水壩建築等人工重大因素而加速其變化。本作品以黃色桿子重現100年前信濃川的河道分布，和地方上的人們一起思索有關過去的河流與人如何接觸。2018年，再度刻畫河川生命的節奏。
[補助] 一般社團法人綜合中心

N016　《信濃川過去的流經位置比現在高25公尺》

1999年舊中里村從1萬5千年前的地層中發掘自然堤防的遺跡。確認了繩文時代的古信濃川位於比現在水面高25公尺的空中。透過這個作品,可以發現河川的侵蝕下切形成懸崖,於是標示出各個時代的水面位置。這座可以重新看到大地創生痕跡的舞台,今年再度重現。

[補助]一般社團法人綜合中心

M043　《土石流紀念碑》

伴隨著2011年3月的長野縣北部地震,津南町辰之口的Toya澤發生大量岩塊與積雪、土砂夾雜的土石流,國道353號有100公尺以上遭到掩埋。本作品將現在依然有崩落危機的殘存土石流,以視覺化方式表現,在其流出範圍的實際地立上桿子。

製作年
2009年～
地點
小出
MAP: P131

東京電機大學日野研究室＋共立女子大學堀小組
Tokyo Denki University Hino Lab.
＋ Kyoritsu Women's University Hori Lab. [Japan]

映射屋 | 編織回憶

NEW

編織成稻草繩後就產生了連結

稻作繁盛的越後妻有，最能表現生活智慧的就是編草繩了。以空屋作品《映射屋》為舞台，與各式各樣的人在此一同接續編織一條稻草繩，這是把大家的念頭連結在一起的參加型裝置藝術。這裡也舉辦「繩編工作坊」，參加者參與編草繩的活動。

N052

製作年
2009
地點
西田尻
MAP: P131

青木野枝
Noe Aoki [Japan]

空氣粒子／西田尻

圈圈所描繪的事物

在使用了近80年的旅館倉庫內外，熔接無數個圈圈接續起來的一件作品。2003年開始就在鄰近聚落透過種田與割稻作業與地方上交流的創作者，以往也在孩童的協同合作下於舊高道山體育館展出《田間之圓／白羽毛》作品，希望接近聚落擴大活動的圈圈。

製作年
2006
地點
東田尻
MAP: P131

克里斯·馬修
Chris Matthews [UK]

中里稻草人庭園

稻草人所守護的事物

「田尻的河原」是長久以來受到河川氾濫影響的土地，幾乎就如同傳說中因為土石崩塌而「消失的聚落」一樣。在這處河原所放置的，是讓人聯想到日本傳統鹿子斑紋的18具色彩鮮豔的稻草人。這些稻草人天真活潑的姿態，散發鮮活的存在感，並且堅實的守護這塊土地。

N028 🎧

製作年
2006
地點
桔梗原Uruoi公園
MAP: P131

内海昭子
Akiko Utsumi [Japan]

為了無數失去之窗

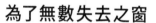

有窗戶的里山

創作者在里山設置了一面大窗戶。這個框框所裁切的風景，有如從房間的窗戶望出去的景色一樣，是屬於自己的風景。透過從這扇窗看到的景色，重新凝視越後妻有的景物。窗戶無法框限的的壯闊自然，與個人的私風景交錯。被風吹起的窗簾，應該會讓造訪旅客的心也感受到里山的氣息吧。

製作年
2003

地點
倉俣

MAP: P131

Casagrande & Rintala　建築事務所
Architect Office Casagrande & Rintala [Finland]

POTEMKIN

對峙的牆

在釜川的河堤上，聳立著巨大而連續的耐候鋼壁。簡直就像對我們提出如何與大自然對抗問題一樣。在這裡思考有關現代人與自然的關係，有如後產業時代的衛城一般。因此，製作作品的建築團隊表示「這裡是文化的垃圾掩埋場」。

製作年
2003

地點
清田山

MAP: P131

達丹・克理斯坦
Dadang Christanto [Indonesia]

妻有喀喀風車

風車奏出祈禱之聲

農田的一側，竹製風車喀拉喀拉奏出讓人感覺涼爽的聲響。這是創作者的故鄉峇里島的日常風景。收穫期前後，農民會在農田邊設置風車，是為了感謝神明保佑豐收而設置的民藝品。這件作品讓峇里島與越後妻有這兩個皆以農業為主要生計的地區串連起來，讓祝福豐收成為平常的祈禱。

*N060, N061, N062　［JR飯山線藝術計畫］

製作年
2012
地點
越後田澤站
MAP: P131

Atelier Bow-Wow＋東京工業大學塚本研究室｜河口龍夫
Atelier Bow-Wow +Tokyo Institute Technology Tsukamoto Lab. [Japan] | Tatsuo Kawaguchi [Japan]

船之家｜航向未來｜從水上誕生的心之杖

從車站開始出航

與JR飯山線越後田澤站的月台平行設置的狹長小屋《船之家》，是收藏河口龍夫作品的小屋，從小屋牆壁的間隙透進來的自然光，溫柔的包圍整個展示空間。河口龍夫的《航向未來》，在古老的木造魚船上覆蓋上無數種子，作為現代的諾亞方舟航向未來。

地點
各地
推薦者
小林沙友里（編輯）
前田エマ（模特兒）

9

N
中里地區

各聚落的熱情款待

讓意外「邂逅」成為美好回憶

隨著參觀作品四處移動，會和地方人士接觸並受到款待。「當地的婆婆媽媽給我的小黃瓜太美味了！」（小林）「經常有人招待我西瓜與冰麥茶！」（前田）這些開心的驚喜體驗，是無可取代的回憶。

松之山地區

日本三大藥湯之一，松之山溫泉。這個溫泉熱氣氤氳的迷人地區，
在變化多元的地形環境中有許多珍奇動植物棲息。「森林學校」KYORORO（P150）中，
對這個生態有很獨特的親近方式，請務必一訪。
可以《澳大利亞之家》（P156）、《三省屋》（P161）和松之山溫泉街的宿泊設施為據點，
盡情享受欣賞藝術品、溫泉與里山漫步的豐富旅行。

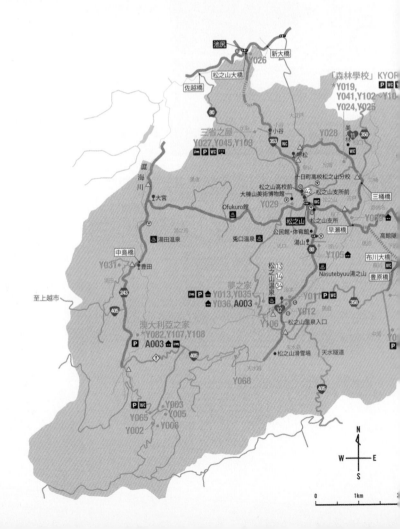

美肌效果卓著兼有助循環
全國許多溫泉迷熱愛的松之山溫泉

與群馬縣的草津溫泉、兵庫縣的有馬溫泉並列日本三大藥湯的松之山溫泉。是位於山間的溫泉，礦物質濃度高的弱鹼性溫泉，特別對傷患部、循環不良與肌膚粗糙有顯著效果。周邊有許多獨特的溫泉旅館或溫泉療養所等宿泊設施，溫泉街上除了有足浴還有少見的「顏湯」，來體驗看看吧。

高原、美人林與梯田，
起伏變化大的地形間的美麗景觀

這個地區有許多利用山間的斜坡地開闢而成的美麗梯田，此外，還有樹齡高達90年的山毛櫸森林，樹身挺拔美麗而被稱為美人林(P153)。位在天水山的山腰標高700公尺處的大嚴寺高原，有許多作品散布其中(P158)，也可享受大自然之露營或者垂釣等多元戶外活動。

發現在松之山里山棲息的
多種生物

可以遇見平常看不到的生物，是里山漫遊的樂趣之一。特別是「森林學校」KYORORO(P150) 鄰近的里山保育地區「KYORORO之森」，是各種生物的寶庫。歡迎參加在KYORORO舉辦的野鳥觀察、生物探險隊與昆蟲標本製作等活動。

本區可參觀作品

〈上湯〉
Y013　夢之家　瑪莉娜・阿布拉莫維奇 Marina Abramović [former Yugoslavia]〔P155〕
Y035　長生不死藥　珍妮特・勞倫斯 Janet Laurence [Australia]
Y036　收穫之家　勞倫・貝科維茨 Lauren Berkowitz [Australia]

〈天水越〉
Y068　掃天帶地—天水越之塔　山本健史 Takeshi Yamamoto [Japan]

〈大嚴寺高原〉
Y002　分岔點庭院　肯德爾・基爾斯 Kendell Geers [South Africa]（P158）
Y003　永恒　真板雅文 Masafumi Maita [Japan]（P158）
Y005　與大地共存—記憶的風景　植松奎二 Keiji Uematsu [Japan]（P158）
Y006　⚠吉米・達拉謨　Jimmie Durham [USA]（P158）
Y065　Sky Catcher 09　堀川紀夫 Michio Horikawa [Japan]（P158）

〈浦田〉
Y031　電腦穴居人之家　佩德羅・雷耶斯 Pedro Reyes [Mexico]
*Y082　澳大利亞之家　設計＝安德魯・伯吉斯建築事務所 Andrew Burns Architect [Australia]（P156）
　　Y083　山之家　布魯克・安德魯 Brook Andrew [Australia]
　　Y107　Guardian | Y108　You are here, Tokamachi Samue　霍生・瓦拉馬內修
　　+安琪拉・瓦拉馬內修 Hossein Valamanesh, Angela Valamanesh [Iran / Australia]（P157）

〈小谷〉
Y027　名字儲存館　林達・柯維 Linda Covit [Canada / Japan]
Y045　拉脫維亞致遙遠的日本　爾卡斯・比謝 Aigars Bikše [Latvia]
Y109　遺落的冬天　林德羅・厄利什 Leandro Erlich [Argentina]（P160）

〈池尻〉
Y026　Step in Plan　約翰・考美林(字形設計 淺葉克己) John Körmeling
[the Netherlands] (text design = Katsumi Asaba [Japan])（P161）

A001　妻有路標　瓊澤・戴・格姆拉伊斯 José de Guimarães [Portugal]（地圖上的△）
A003　庭園計畫　川口豐、內藤香織 Yutaka Kawaguchi, Kaori Naito [Japan]

Y023　　　　　　Y035　　　　　　Y069

Y
松之山地區

*Y052, Y101 🎧

製作年
2006, 2018
地點
舊東川小學
MAP: P144

克利斯蒂安・波爾坦斯基
Christian Boltanski [France]

影子劇場

生或死，跳舞的影子

2006年起在舊東川小學全校展開的大規模裝置藝術《最後的教室》，加入了新作《影子劇場》。映照在黑暗中浮現的教室牆面的，是骸骨和蝙蝠、天使等在生與死夾縫之間移動的生物影子。幻想性而帶點幽默感的作品，看起來就像孩童嬉戲般，與光和影一起嬉戲舞蹈的生物，不時閃現「死亡就在身邊」的意象。作者持續以匿名的個人、團體的生與死為創作主題，這是他的代表作之一。

[統籌] 白羽明美　[補助] 法國文化中心

克利斯蒂安・波爾坦斯基＋
將・卡爾曼

最後的教室
[地址] 十日町市松之山藤倉192
[費用] 800日圓，藝術祭會期間出示鑑賞護照免費

148

鹽田千春
Chiharu Shiota [Japan]

家之記憶

線織成的記憶

家中有如覆蓋上巨大的蜘蛛網，從空屋的一樓到天花板，以無數黑色毛線縱橫交錯。網中交織的是從當地人那裡收集來的家具、衣類與書籍等，宛如將這些事物與空屋滲染的記憶細密織起，是用心耗時創作的作品。

推薦者
安藤美冬（自由作家）

松之山溫泉噴霧

天然保濕成分豐富的化妝水

只有日本三大藥湯之一的松之山溫泉的溫泉與水才有辦法製作的化妝水。「女性一致熱愛，不為大眾所知的暢銷商品。帶有溫泉的香氣，使用方便，洗完澡或者化妝後噴一下會讓肌膚安定。我也是每兩年回購一次。」（安藤）KINARE的賣店內有販售，可在那裡購入。

松之山溫泉噴霧　小瓶80g　1,296日圓

Y
松之山地區

149

設計＝手塚貴晴＋手塚由比
Takaharu Tezuka + Yui Tezuka [Japan]

十日町市立里山科學館
越後松之山「森林學校」KYORORO

製作年
2003～
地點
松口
MAP: P144

了解越後妻有生態系

2003年開館的KYORORO是豪雪地松之山以自然科學為主
題的博物館。除了展示地方特有的動物與昆蟲，在居民的協
同合作下，還活力十足地進行自然體驗行程、里山保育活動
等。同時設立可以觀察水生生物的「森之水族館」、「日本昆
蟲採集之父」志賀夘助採集的蝴蝶標本展示室以及博物館
賣店。另外，以鋼板建蓋為特徵的設施建築高達34公尺，可
從展望台一眼望見越後里山。

[地址]十日町市松之山松口1712-2
[營業時間]9:00～18:00(最終入館
17:30)
[費用]500日圓,藝術祭會期間出示
鑑賞護照免費
[費用]025-595-8311

製作年
2018
地點
越後松之山「森の學校」KYORORO
MAP: P144

空想×體驗！
里山極小極大生物實驗室

Y041

《真實大小的森林》

橋本典久 Norihisa Hashimoto [Japan]

Y102

NEW

《日月之江》

新野洋 Hiroshi Shinno [Japan]

Y103

《千蛇花》

原田要 Kaname Harada [Japan]

Y104

《棕熊》

本濃研太 Genta Honnoh [Japan]

大世界與小世界

4名創作者對於棲息在里山的生物，用多元觀點表現「變態」的企畫展。訪客可以在這裡體驗夢境般的世界。將微小世界放大，接著在宏大世界窮究微小原子，當宇宙形成之後，無論是森林或里山中的動植物或者是極小的細胞，這些可以感受到存在的「生命」之作品組合，無論是孩童或大人都能樂在其中。

「微距看里山的奇妙探險隊」

青蛙、蜻蜓以及花朵等等，里山中住了多樣的生物。若是以存在那裡的無數小生物為焦點進行觀察的話，就會發現他們的美麗顏色與獨特形體等「不可思議之處」。從照片或者活體展示，透過顯微鏡或放大鏡觀察的體驗，來肉眼無法見到的世界探險吧。

蠅虎

菫花

擬蠍

幫助你進行「自由研究」
來參加營隊工作坊！

藝術祭會期當中，KYORORO舉辦標本製作、生物探險、夜晚博物館探險等豐富多樣的營隊。大人小朋友一起來參加，為夏天留下美好的回憶。

[行程] ※詳情請參考KYORORO的公式HP
① 8/4　13:00～15:00／昆蟲標本製作講座
② 8/11　10:00～12:00／標本典之的製作工作坊
③ 8/12　19:00～20:30／夜間博物館
④ 8/19　10:00～12:00／新野洋的製作工作坊
⑤ 9/2　9:30～12:00／土中生物探險

飲食文化體驗工房「里山廚房」

「森林學校」KYORORO有附設的餐廳，在這裡用餐可以同時欣賞笠原由紀子＋宮森Haruna在牆上的創作，以在松之山自然生長的植物為原型的壁面作品。當地婦女使用當地稻米和蔬菜等食材所做出里山美食讓所有人一飽口福。

招牌料理是滿滿當地蔬菜的「夏野菜咖哩」(850日圓)。
另外也提供蕎麥麵、烏龍麵與飯糰等。

雪地藝術・新潟組
The Group of the Snow Art in Niigata [Japan]

製作年
2018
地點
湯山
MAP: P144

雪地世界

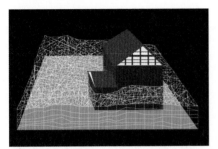

藤井芳則《被埋沒的家》

今天也下了雪

即使在越後妻有當中, 松之山地區也是格外多雪的豪雪地。居住新潟非常了解雪的創作者所組成的團體, 在超過100年歷史的古民宅「Gallery湯山」, 創作出多樣化可以體感雪地世界的空間。

[參與作家] 池原浩子、井上智子、佐藤鄉子、茅原登喜子、東條麗子、藤井芳則、本間惠子、前山忠。

(一社) 十日町市觀光協會

地點
松口
MAP: P144
推薦者
編輯部

美人林

全域數一數二的絕景名點

正如其名, 樹姿直立優美的山毛欅林, 是年間吸引10萬觀光客來訪的觀光名所。在昭和初期因為砍伐樹林而一度成為光禿的山頭, 之後山毛欅一齊萌芽, 形成現在樹幹粗細與高度整齊劃一的姿態。藝術祭期間的夏日, 樹林一片鮮綠, 涼風吹拂。

Y
松之山地區

Y106

聖地牙哥・席拉
Santiago Sierra [Spain]

黑色標誌

成為招牌的公牛

在越後妻有的風景中突然出現了一頭巨大的奧斯本公牛
（Toro de Osborne），這是模仿公牛的剪影，高約10
公尺的黑牛招牌。對創作者祖國西班牙而言可說是舉國
知名的象徵，在遠離人煙處的大自然高台上，設置了這
片單薄卻勇敢佇立的身影。不論是文化或者歷史都與日
本完全相異的西班牙，其象徵在越後妻有日常的風景中
想訴說什呢？創作者向來以歷史上文明孕育出的權力為
創作主軸，對存在於此的作品意義提出質疑。

製作年
2000
地點
上湯
MAP: P144

瑪莉娜・阿布拉莫維奇
Marina Abramović [former Yugoslavia]

夢之家

為了作夢的宿泊體驗型作品

建築超過100年的民家所改建而成的「作夢」屋, 自2000年開幕以來, 基於作家的構想, 聚落的居民開始接待前來住宿的客人。這裡有紅、藍、綠、紫4間「作夢專用房間」, 住宿旅客穿上對應色的睡衣進入房間, 在浴室淨潔身體然後上床入睡。隔天早晨睡醒時, 把夢境內容寫在《夢之書》上。這一連串的行為即成了藝術作品。夢境被記憶、記錄與編織成形。請務必來訪度過夢境般的夜晚。

[地址] 十日町市松之山湯本643
[開館時間] 10:00～16:00
[費用] 上湯作品共通券500日圓, 藝術祭會期間出示鑑賞護照免費

住宿服務
[費用] 6,300日圓, 小學生3,150日圓, 學齡前免費, 包棟25,200日圓
[早餐] 500日圓 [入住人數] 4人
[電話] 025-751-7767
(里山協働機構事務局)

設計＝安德魯・伯吉斯建築事務所
Andrew Burns Architect [Australia]

製作年
2012～
地點
浦田
MAP: P144

澳大利亞之家

日澳之間的交流據點成為宿泊之家

位於浦田地區、具有150年歷史的房子，2009年成為日澳交流的基地《澳大利亞之家》。之後，這裡成了許多澳洲藝術家長期駐村的據點，在當地浦田地區的居民的熱心參與下，展現了由地方發起、國際交流的成果。2011年，這裡因為長野縣北部地震而全毀，隔年，舉辦了國際競圖，由建築家安藤忠雄擔任審查員長，象徵復興的新建築因而誕生。建築物內亦展示了布魯克・安德魯的作品，目前也開放作為一般宿泊設施使用。於2013年獲得約恩烏松國際建築獎肯定。

[地址]十日町市浦田7577-1
[費用]300日圓, 藝術祭會期間出示鑑賞護照免費

住宿服務
[費用]使用設施12,000日圓＋大人3,000日圓, 兒童1,500日圓, 幼兒1,000日圓
[早餐]無(有烹調用具)
[電話]025-761-7767
[補助]澳大利亞政府

製作年
2018
地點
澳大利亞之家
MAP: P144

霍生・瓦拉馬內修+安琪拉・瓦拉馬內修
Hossein Valamanesh, Angela Valamanesh [Iran / Australia]

Guardian |
You are here, Tokamachi Samue

參考作品《Untitled》2002

或許是誰坐過的椅子

因為社會與政治壓迫而移居到澳洲、伊朗出身的霍生，與受到科學、歷史、哲學等廣泛領域學問
影響的澳洲人安琪拉，兩人共同搭檔製作的2件作品，成了澳大利亞之家的新作。由動物、人類
與人工物的元素所構成的椅子，有如我們世界的濃縮，配合澳大利亞之家空間而新設置的台座，
特別刻上讓人懷疑可能有人在的足跡。另一件作品是，以越後妻有的地圖為主題，利用服裝做的
拼貼畫。

[補助] 澳大利亞政府、Australia now sponsor

Y 松之山地區

大嚴寺高原的作品

製作年
2000、2009
地點
大嚴寺高原
MAP: P144

Y002

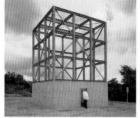

分岔點庭院
肯德爾‧基爾斯
Kendell Geers [South Africa]

位在高原的立體作品

天水山的山腰延伸出來的大嚴寺高原，可以觀察到許多像是赤翡翠等南國來的候鳥，步道與四季各有風情的景色讓遊客著迷。這片廣大地域有大規模的立體作品群可以參觀，戶外作品也很有氣勢。

Y003

永恒
真板雅文
Masafumi Maita [Japan]

Y005

與大地共存－記憶的風景
植松奎二
Keiji Uematsu [Japan]

Y006

吉米‧達拉謨
Jimmie Durham [USA]

Y065

Sky Catcher 09
堀川紀夫
Michio Horikawa [Japan]

地址
十日町市松之山天水越81
MAP: P144
推薦者
小林沙友里(編輯)

松之山溫泉 凌雲閣

讓旅遊更盡興的80年老舖旅館

這家是松之山溫泉的老舖旅館,昭和13年
(1938)建造的木造本館為指定登錄有形文化
財。「建物整修非常仔細,吱吱喀喀響的地板
很有風情。充滿山珍的料理也很美味。」(小
林)沉浸在旅館的懷舊氣氛與周圍的豐富自然
環境,放鬆的度個假吧。

[宿泊]1泊2食　每人13,000日圓
[電話]025-596-2100

推薦者
小林沙友里(編輯)
間宮敦、間宮惠理(藝術祭常客的夫婦)

神目箒茶

受歡迎的伴手禮香草茶

這是無農藥、無化學料栽培的神目箒(也稱為
泰國羅勒、神聖羅勒)所製成的香草茶。「喝了
茶香味讓人精神一振,彷彿一掃全身僵硬。」
(小林)「在里山食堂(P191)喝到的,感覺好
療癒。」此外,在三省家(P161)或松之山溫泉
也買得到。

神目箒茶RAMA　大(茶包14個入)1,180日圓,
小(茶包4個入)420日圓,還有其他限定商品
[洽詢]松之山茶倉
www.mother-cakra.com

Y
松之山地區

林德羅・厄利什
Leandro Erlich [Argentina]

遺落的冬天

人與作品聚集到舊校舍來

當你凝視著窗外時, 窗的對面向你這側凝望的人也正凝視著你。「固執累積是種現實。」厄利什提出了這點。看／被看這種行為存在著擦身而過的不協調感之空間。至今這位創作者雖然發表過許多以「遺落 (Lost)」為名的作品, 但只有這件作品是專為這個場所而設計的。可說是重視與場所關係性的創作者顯現真本事的作品。有限定三省家 (P161) 宿泊客人的夜間節目 (每日20:00開始, 約25分鐘)

[開館時間] 10:00～16:00

三省屋

製作年
2006
地點
小谷
MAP: P144

住在木造校舍中

這棟建築是以約有60年歷史的舊小學木造校舍改建而成，因為「大地藝術祭」的契機而成為住宿設施。這裡也是創作者與到訪者交流的地方。白天可以參觀館內的藝術作品（需要鑑賞護照）。

住宿服務
[地址] 十日町市松之山小谷327
[費用] 1泊2食：大人6,000日圓，小學生4,200日圓，學齡以下兒童免費
[電話] 025-596-3854

Y026 ∩

製作年
2003
地點
池尻
MAP: P144

約翰・考美林 (字形設計 淺葉克己)

John Körmeling [the Netherlands]
(text design = Katsumi Asaba [Japan])

Step in Plan

從招牌處走進

從松代往松之山方向，面對池尻十字路口立著的，就是這幅高20公尺的巨大招牌。乍見之下像是錫鐵玩具，但仔細看會發現這是松之山的地圖。另外，階梯能實際走上去，所以這也是具備展望台功能的作品。招牌文字由日本字形設計第一人淺葉克己負責。

Y
松之山地圖

161

松代地區

沿著信濃川的支流澀海川為中心的松代地區,在群山圍繞下多數為細碎的地形。位於北越急行線南側的是藝術祭的中心設施之一,松代「農舞台」(P190),周邊的城山一帶,有《梯田》(P195)等約30件作品錯落其間。

松代站北側是松代商店街,其中也有利用空屋與空店舖陳設的作品。

推薦在這區務必要徒步漫遊一番。

ℹ️ 大地藝術祭松代綜合旅遊中心(「道之驛」松代故鄉會館內)
[地址] 十日町市松代3816-1
[營業時間] 9:00～17:30　會期間無休

ℹ️ 松代「農舞台」旅遊詢問中心(「道之驛」松代故鄉會館內)
[地址] 十日町市松代3743-1
[營業時間] 9:00～17:30　會期間無休

探訪藝術，漫遊於老街上
還留有宿場町之名的松代商店街

松代商店街（P188）位於從松代站徒步約5分鐘即可抵達的地方。過往是主要街道的宿泊休息處所在的宿場町，所以商店街以旅籠及茶店等旅人休息處為主。還保留昔日風景的松代Hokuhoku通，現在依舊和以前一樣溫暖接待旅人。很推薦涼爽的晨昏可以在此漫步。

來了解豪雪地帶的
農耕文化

被群山包圍的這個地區，直到昭和40年左右交通才開始發達。特別是寒冬時到周邊地區相當困難，所以被稱作「陸地孤島」。松代的農耕文化，是開墾山坡地的梯田，將河流截彎取直新闢瀨替田等，處處可見先民面對環境嚴苛的大自然，為了營生所下的工夫與睿智。

建築也值得注目，
大規模的藝術設施充實

松代「農舞台」（P190）或奴奈川校園（P166）等，都是藝術會期間松代地區重要的據點與建築物所在的地點，不少工作坊或者活動會在此舉行。到訪時希望能注意這些建築，正因為是豪雪地區，所以看看這些建物上有什麼巧思，或者為了改修成為新交流場地而使用哪些技術，一定會發現意外而有趣的地方。

本區可參觀作品

*詳細地圖的地區除外

詳細地圖①松代中央・松代「農舞台」，請參考P186　詳細地圖②松代城山，請參考P198

〈清水〉

D347 Art Fragment Collection　川俣正＋edition.nord Tadashi Kawamata ＋ edition.nord [Japan ／ Fraance]（P182）

D348 Pine Tourism　松樹俱樂部Pine Tree Club [Japan ／ France]（P183）

D349 模糊畫光燈　歐拉夫‧尼可萊 Olaf Nicolai [Germany]（P184）

〈桐山〉

D132 Mountain　理查德‧迪肯 Richard Deacon [UK]（P183）

D209 在寂靜或喧囂中～手旗信號之庭　克勞德‧勒維克 Claude Lévêque [France]（P185）

D266 靴韃之家　瑪利亞‧威路卡拉Maaria Wirkkala [Finland]

D325 桐山之家／BankART妻有2018
BankART1929+MIKAN+神奈川大學曾我部研究室+約50名藝術家
BankART1929+MIKAN+Kanagawa University Sogabe Lab.
+ about 50 artists [Japan]（P185）

〈小屋丸〉

D100 小小烏托邦之家　讓‧米歇爾‧亞伯羅拉 Jean-Michel Alberola [France]

〈太平〉

D046 「時間的復活‧柿木Project」in 松代　「時間的復活‧柿木Project」執行委員會Revive Time, Kaki Tree Project Executive Committee [Japan]

〈犬伏〉

D047 🎧回到自然的人類　湯瑪斯‧埃勒 Thomas Eller [Germany]

D048 翼／飛行演習裝置　喬塞夫‧瑪麗亞‧馬丁　Josep Maria Martin [Spain]

D101 Milutown 車站　鹽澤宏信 Hironobu Shiozawa [Japan]

D129 田間蝗蟲　鹽澤宏信 Hironobu Shiozawa [Japan]

A001 妻有路標　瓊澤‧戴‧格姆拉伊斯José de Guimarães [Portugal]（地圖上的△）

D100

D101

D104

改修設計＝山岸綾
Aya Yamagishi [Japan]

奴奈川校園

製作年
2015
地點
室野‧舊奴奈川小學
MAP: P162

學習如何在地區生活的獨特學校

舊奴奈川小學一改原來風貌，變成學習如何實踐地區生活方式的學校。以農業為基礎，透過飲食、生活、遊戲、舞蹈等範圍廣泛的活動，漸漸擴展各種嘗試。這裡也是致力於梯田保育以及足球活動的FC越後妻有 (P169) 的據點，是許多人協同合作成立的獨特學校，校園內與周邊展示作品，整年都有各種企畫展開，工作坊與活動相當豐富，歡迎來參加。

[地址] 十日町市室野576
[改修設計] 山岸綾
[費用] 500日圓，藝術祭會期間出示鑑賞護照免費
[電話] 025-594-7101

妻有廚房（TSUMARI KITCHEN）

官方旅行行程限定的午餐

藝術祭會期間限定的官方旅行（P24）專屬餐廳在奴奈川校園開設。由米其林餐廳「Jean-Georges Tokyo」的總料理長米澤文雄主廚（右圖）監修。2015年以來數度拜訪越後妻有的主廚，對於里山的婆婆媽媽們傳承下來的鄉土料理與雪國食材保存文化，提出了活用的午餐提案。春季是將採來的蔬菜花莖搭配淋上醬汁的妻有豬，夏季是將傳統料理調整成法式冷湯等，從前菜到甜點都是使用當地食材的講究套餐，而且都是在當地婦女的協助下完成的。

[營業時間] 因為是官方旅行（羚羊山間路線）專屬午餐套餐，所以不對一般顧客開放。預約官方旅行行程請參考P24。

製作年
2018

地點
奴奈川校園
MAP: P162

鞍掛純一
Junichi Kurakake [Japan]

花指標

NEW

產生新回憶的校園

這個計畫準備在奴奈川校園種櫻花樹。然後在樹林間設置的是可以開心搭乘通過林間的台車，是件與櫻花樹一起成長的作品。可以感受到涼爽的風吹過，讓心帶著奴奈川的自然風光與作品交織而成、依隨自己心的印象風景。

D332

製作年
2015～

地點
奴奈川校園
MAP: P162

鞍掛純一＋日本大學藝術學部雕刻組及志工團體
Junichi Kurakake＋Nihon University College of Art Sculpture
Course [Japan]

來自大地的禮物

NEW

經過3年終於完成的作品

經過3年作品終於完成。在入口大廳的牆壁全面展開的作品。自2015藝術祭開始在公開的工作坊活動中持續雕刻的牆壁，終於在本屆活動中完成了。

工作坊「來雕刻給大地的禮物」
利用雕刻刀在牆壁雕刻的工作坊。參加者的雕刻痕會是作品的一部分，刻畫在校舍。
[時間] 不定期 (請參考公式HP)
[費用] 1,000日圓

製作年
2018
地點
奴奈川校園
MAP: P162

日藝祭

大學與聚落交流後誕生的祭典

在此由日本大學藝術學系的教職人員與學生展示作品與進行活動。加入盆舞後表演擴大為西洋與日本舞蹈,各式各樣的企畫炒熱地方的氣氛。

[展示] 攝影學系+電影學系+廣播學系「來自大地的禮物 攝影與影像展」
[活動] 8/14〜15:音樂節目「奴奈川DJ」、西洋舞蹈節目「櫻之森」、日本舞蹈節目「Wa」／8/15〜16:管弦樂打擊樂表演「奴奈川銅管音樂會」／8/18〜19 廣播學系「奴奈川放送局」配信
[工作坊] 8/18〜19日:設計學系「使用大地的禮物來製作新種昆蟲!」

more info

地點
奴奈川校園
MAP: P162

FC越後妻有

女子足球隊員進行的梯田保育計畫

原本在都市的女子足球隊員為了照顧梯田移居到這裡,為務農、練球的農業實業團體隊伍「FC越後妻有」。她們提倡邊練習踢足球邊在里山生活的生活型態,照顧幫手不足的梯田與保育里山風景,是解決地方課題的解決型計畫。目前以加入日本職業女子足球聯賽為目標,也募集活動伙伴中。

[洽詢]
里山協働機構事務局　025-761-7767

D
松代地區

南極雙年展－FRAM號2
Antarctic Biennale - Fram 2

不屬於任何國家的雙年展

有13個國家的藝術家參與、2017年舉辦的南極雙年展，這項藝術展是為了探究現今人類共通問題，以策展人亞歷山大・波諾馬列夫為中心，在校園的一室內設置對未來生活的想像空間。「FRAM（前進）號」是挪威極地探險家弗里喬夫・南森進行北極遠征時使用的船隻，之後羅爾德・阿蒙森到南極探險的船隻也相同以「前進」為名。作品名稱是以航向第2屆南極雙年展為目標，以及象徵與越後妻有的協同合作。

[協辦]亞歷山大・波諾馬列夫古典元素中心

[策展人]亞歷山大・波諾馬列夫
[展示構成]亞歷斯・柯斯

[模型製作]
依利亞・巴克、瑪利娜・摩斯柯令可
[作家]阿連那・伊娃諾瓦・約翰森等
[統籌]鴻野Wakana

論壇「關於南極人文學的諸問題」
[時間]7/30（週一）17:00～
[與談人]Alexander Secatsky（哲學家）、亞歷山大・波諾馬列夫、鴻野Wakana、北川富朗等

D341

製作年
2018
地點
奴奈川校園
MAP: P162

高瑀
Gao Yu [China]

天上大風

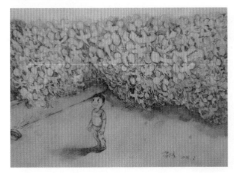

風箏揚起的教室

江戶時代後期的僧侶良寬，與新潟縣的因緣極深，喜歡兒童。他也是一位名書道家，「天上大風」是他的代表作之一。以過往孩子們會拿良寬寫過的紙製作風箏放飛的故事作為靈感，創作者在廢校教室內懸掛寫了字的風箏，讓孩子們的存在彰顯。

[統籌] HUBART

D342

製作年
2018
地點
奴奈川校園
MAP: P162

鄭宏昌
Zheng Hongchang [China]

手風琴

機械裝置與回憶

創作者將從小就很喜歡的手風琴，結合以3D列印的方式重現的孩童與師長身姿迷你模型，在牆壁上投影。過去老師與學童的回憶，化為玩具般活動的裝置藝術。這與來訪者的各種回憶重疊、浮現又消失，不斷交織。

[統籌] HUBART

D
松代地區

D343

製作年
2018
地點
奴奈川校園
MAP: P162

張哲溢
Zhang Zheyi [China]

燈光溫室

NEW

成為靈魂的燈光

在教室裡掛起的蚊帳中排列的燈光,是從地上上募來不再使用的物品。失去主人的燈光,彷彿象徵過往主人的靈魂般,在房間裡模糊的放著光。這種夢幻的光景藉由鏡子的加強,給人一種永遠不會熄滅的錯覺。

[統籌] HUBART

E066

製作年
2018
地點
奴奈川校園
MAP: P162

珍奇蘑菇舞蹈團
＋三田村管打團？

快樂 Bakakinoko 舞,遊行!遊行!

隨著節奏任意舞蹈

讓空間變得七彩炫麗忍不住手舞足蹈的現場演奏,加上讓現場一片歡樂的舞蹈。彷彿想把參觀者也捲入似的這快樂的氣氛,響起了火熱的節奏。公演前日將在街上遊行。

[時間] 8/11(週六)17:30～18:30
[費用] 一般當日1,500日圓
[公演時間]60分　[定員]100名
[補助] 一般財團法人地域創造

製作年
2018
地點
室野・中國之家
MAP: P162

鄔建安
Wu Jian'an [China]

五百筆

NEW

筆所串起的故事

在開放的挑高空間牆壁上，令人驚訝的是滿滿的筆繪圖畫與文字。這是日本與中國合開的工作坊的參加者們的一筆繪字跡。將近數百幅作品合在一起，作家創作出新的作品。充滿兩個國家個性的作品在這裡擴展開來，激發出新的故事。

中國之家是2016年時由空屋所改建，提供中國創作者與藝術、地域創造相關人士停留與創作的空間。
[贊助] HUBART, HOLBEIN畫材株式會社
[企畫] HUBART

活動「W&W workshop」[時間] 8/2 (週二) 10:30～11:30
[演出] 鄔建安、王耀慶

製作年
2006
地點
星峠
MAP: P162

鞍掛純一＋日本大學藝術學部雕刻組及志工團體
Junichi Kurakake＋
Nihon University College of Art Scupture Course [Japan]

脫皮之家

手工打造的可住宿作品

牆壁與地板、柱子等使用雕刻刀雕過，一整棟家屋變成了作品的「脫皮之家」。製作費時2年半、將近3000人次人力所打造的新空間，成為具有壓倒性氣勢極具存在感的家屋。

[開館時間]10:00〜16:00

＊住宿情報　[地址]十日町市峠776　[費用]設施利用費15,000日圓＋大人1人3,000日圓,小學生1,500日圓,學齡前免費　[定員]10名　[電話]025-761-7767（里山協働機構事務局）

製作年
2018
地點
奴奈川校園〜星峠
MAP: P162

星峠雲海馬拉松

胸懷大自然而跑的馬拉松大會

日出前起跑，以廣布雲海的星峠梯田為目的地的馬拉松大會，在終點站的星峠梯田，有美味的梯田米等待著。不要拘泥於跑步速度，好好跟參加者交流也很好喔。

[時間]8/19（週日）早上4:30起跑
[費用]5,000日圓
[定員]300名
[企畫]加納由理、成瀨拓也、吉澤永一
報名:6/5開始受理, www.hoshitoge.run

欣賞梯田的地方是在停車場或瞭望台, 不過因為是梯田農家工作營生的私有地, 所以欣賞時要遵守規矩與規定。

地點
十日町市峠1513附近
MAP: P162
推薦者
田中里奈 (模特兒)

星峠梯田

越後妻有代表性的美麗梯田

越後妻有有數處梯田, 其中《NIKKIE Plus》票選第一的梯田就是星峠梯田, 讓人為之屏息的美麗絕景。「搭車去欣賞作品途中, 經過時看到的。雖然只是農田景觀卻彷彿海外遺跡一樣。」(田中) 梯田灌溉水後彷彿鏡子一樣, 還有廣布的雲海, 現在國內也有很多遊客前來。

朝市在週末與假日的9:00～12:00舉行, 另外, 各處無人販售所或一般超市所販售的當地蔬菜, 品質都很高。
[取材協力＝石口博雄 (松代居民)]

地點
松代站・道之驛
MAP: P187
推薦者
北川富朗 (藝術總監)

道之驛
松代故鄉會館

偶爾舉行朝市, 是食材寶庫

陳列各色當季美味的蔬菜與山菜的道之驛, 也是當地人常造訪的地方。尤其是道之驛前回廊下的朝市, 如果有時間一定要造訪, 除了美味之外, 東京幾乎見不到的超低價格也很驚人。

D
松代地區

製作年
2018
地點
星峠
MAP: P162

奧爾加‧基索列娃
Olga Kisseleva [Russia / France]

EDEN

 NEW

沒有言語的自然

創作者注意到樹木在大氣中釋放的乙烯濃度與作用，於是創作出在這裡生長的樹林如何溝通的可視化作品。例如，將樹木的強度資料代換成光亮度，在鏡板上表現抽象的意象，就可以呈現肉眼看不見的分子活動了。參觀者親眼目睹這充滿詩意的形象，沒有言語的自然之存在方式與變化，變成具體可觀的事物。而這也能讓人聯想起過去與自然共生的人們。

[補助] 法國文化中心　[協力] Orange Art Factory

製作年
2015, 2018

李昢
Lee Bul [Korea]

地點
蒲生・舊室岡醫院
MAP: P162

醫生之家

在診療室裡搖晃的動靜

在積雪深的地區交通不方便的過往，醫師的存在極為重要。2015年，創作者利用附近鄰居熟悉的診療室之一部分，運用醫療器材製作出超越時空的深井意象之作品。今年再度深化此創作，在2樓的回廊與診療室設置作品。造訪者在屋中行走時，應該會沉浸於另一個時間之流與空間吧。而在感受其他人動靜的晃動時，或許可能會發現在不可思議的時空境界線上步行的自己。

日比野克彦
Katsuhiko Hibino [Japan]

製作年
2003～
地點
舊莇平小學
MAP: P162

明後日新聞社文化事業部

NEW

來自小聚落的發訊

2003年日比野克彦開始以舊莇平小學為據點進行創作。因為創作關鍵字是「想像明日之後」，所以發行《明後日新聞》與參與協助當地居民的盂蘭盆舞等聚落活動，與當地一起向前。今年製作了《亞洲的獸神奉納鯉魚旗》在四個廣場上設置。手染色彩豐富的獸神，讓祭典更加熱烈。幸七Gallery等也有新作繪畫展示。

[贊助] HOLBEIN畫材株式會社

地點
MAP: P187
推薦者
編輯部

古道 松之山街道

 16

讓人憶起往昔的美麗舊街道

在國道旁悄然延伸的古道，曾獲選為「歷史之道百選」之一，非常有氣氛的古道。過去這裡是從上越高田連結南魚沼郡鹽澤町，通往關東的要道。戰國時代上杉謙信有幾度都是經由此道往關東出征。道中有謙信曾捐獻的軍配團扇與小太刀的古神社松芋神社以及松代城。

[取材協力＝石口博雄(松代居民)]

製作年
2018
地點
莇平
MAP: P162

莇平戲劇祭

祭典產生的新表現

莇平戲劇祭於2010年開始舉辦，現在也成了莇平聚落的慣例行事。在進行公開招募後增加了許多新面孔。在聚落待過一段時間後，他們出現了新的表現方式，與當地住民及外來訪客一起打造劇戲祭，在屋外舞台，美麗的里山環繞下持續公演。

[時間] 8/15 (週三) 10:00～20:00
[演出] JUNKO-CHAN劇團、古代演劇俱樂部、KOTO-TABI、山山山 (客串：杵淺吉、望月左太朔郎)、Busstrio＋松本一哉、Harapeko 滿月
[費用] 1公演500日圓，1日1,200日圓 (出示鑑賞護照公演免費，1日1,000日圓)，高中生以下免費
＊同日13:00～佐藤悠「GOROGORO莇平」，20:00～盂蘭盆舞
＊詳情請參考公式HP

D
松代地區

製作年
2018
地點
田野倉
MAP: P162

石松丈佳
Takeyoshi Ishimatsu [Japan]

田野倉聚落梯田計劃2018

NEW

從民間故事衍生的農田

這是從古早以前聚落流傳的民間故事
「三九郎狐」發想的作品，39座池子各自
改作成模仿狐狸臉形的梯田。等到秋天稻
穗成熟時，農田就會染上狐狸的色澤了。

活動[田野倉聚落梯田]
[時間]8/25(週六)9:30～
[費用]一般每人2,000日圓　[定員]100名
[報名]電話052-735-7597(田野倉聚落梯田計劃執
　　　行委員會)

製作年
2015
地點
田野倉
MAP: P162

安奈特・梅薩熱
Annette Messager [France]

TSUNNE家的光譜

柔軟的器具們

在150年歷史的空屋中懸掛著的，是巨大
的剪刀與鐵釘、菜刀……。然而這些銳利
道具其實是柔軟的布偶。全都是地方上的
人或志工親手製作的。雖然是生活道具
但有一點自我意見，還滿有趣的。順帶一
提，TSUNNE這個屋號是「山頂」之意。

D102

製作年
2003～
地點
蓬平
MAP: P162

瑪利亞‧威爾卡拉
Maaria Wirkkala [Finland]

尋找精神連結處 3
－任何地方都是世界的中心

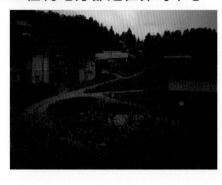

金黃斗笠亮著的村落

繼伊斯坦堡、威尼斯雙年展後系列作的最
終作品。將守護人們想法或夢想的庇護所
的斗笠,掛在聚落中民宅的牆上。斗笠塗
成金色,裝入小燈泡。日落後微微亮起的
燈光,化為「黃金斗笠村」的聚落成為「世
界的中心」(夜間鑑賞在日落之後)。

D322

製作年
2015
地點
蓬平
MAP: P162

大巻伸嗣
Shinji Ohmaki [Japan]

影向之家

能感受到「動靜」的家

將古老民宅一點一點加工,讓這個屋子散
發的氣息慢慢改變。這件作品以「漸漸消
逝的事物」「可以感受到的東西」為主題,
將家中整體透過裝置變得更顯眼,例如
用煙與燈光來表現。順帶一提的是,「影
向」是指神佛降臨、現身之意。試著感受
這種氣息的變化並在這棟屋子走走吧。

D
松代地區

川俣正＋edition.nord
Tadashi Kawamata + edition.nord [Japan / Fraance]

Art Fragment Collection

不需要的藝術碎片

為了藝術祭而創作的作品從誕生到消失的過程中，會
產生許多斷簡殘片而擺在「Art Fragment」的位置，
這是一個考察作品保管、保存的藝術廢品回收的計
畫。舊清水小學的3樓至2樓陳列了裝置藝術，作品斷
片的一部分當成作品紀錄或版本化，讓遊客能在附設
咖啡廳裡買下這些斷片。而這裡也保管藝術評論者中
原佑介留下來約3萬冊的藏書，此外越後妻有保管的
還有設計師粟津潔、木工師傅田中文男、編輯入澤美
時的藏書，正在整理準備公開。

［地址］十日町市清水718
［費用］500日圓，藝術祭會期間出示鑑賞護照
免費
［咖啡營業時間］11:00～16:00

＊Café Fragment
在《Art Fragment》的空間內享用精品咖啡，
即將開辦許多有關飲食的活動。有外帶餐點
服務，請參考P212。

製作年
2018
地點
清水
MAP: P162

松樹俱樂部
Pine Tree Club [Japan / France]

Pine Tourism

NEW

被捨棄的空屋之中

在聚落有許多空屋留下來，當中有一座屋號為「寶來家」的巨大房屋，有如時間暫停、被放置沒人理會近30年的這棟屋子，創作者們認為可以當成自己的家或兼工作室。在這個經過改裝成為工作室兼休憩場所的空間，展示有至目前為止的活動記錄。

D132

製作年
2006
地點
桐山
MAP: P162

理查德・迪肯
Richard Deacon [UK]

Mountain

各自切割的風景

因為透過管子觀看，山景被複雜切割開來。這座不鏽鋼管材質的巨大立體作品，當與山頭並列眺望時，很不可思議的融入了越後妻有的自然風景。正如這句話所述「風景取景的方式，每個人各有不同」，對於大地的情懷是共通的。

D
松代地區

D349

歐拉夫·尼可萊
Olaf Nicolai [Germany]

製作年
2018
地點
清水
MAP: P162

模糊畫光燈

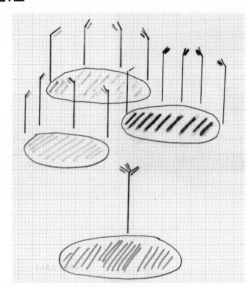

燈所照射的東西

走上狹窄的山道，會看到先前見到的清水梯田。在這
裡設置了幾座多彩的街燈，宛如小小的光之島。創作
者以往昔走過的東京街頭見到的各種街燈與電子看板
的印象為本，在山上的梯田間重現人工燈光。不知道會
對這個聚落帶來什麼影響呢？（夜間鑑賞時間為日落～
21:00）

[補助] Institut für Auslandsbeziehungen

D325

製作年
2006〜

地點
桐山

MAP: P162

BankART1929+MIKAN+神奈川大學曾我部研究室+約50名藝術家
BankART1929 + MIKAN + Kanagawa University Sogabe Lab. + about
50 artists [Japan]

桐山之家／BankART妻有2018

10年來不斷持續的古民家再生計畫

桐山之家的工作人員，會對訪問來客奉上麥茶。偶爾有旅人投宿時，會自由迎接來訪者入內。創作者們所製作的家中用品或作品散見在各種地方或鑲嵌在某處，讓人期待家到底是什麼樣的存在。會期中也舉辦合宿形式的營隊，有關營隊或工作坊的詳細內容，請參考BankART的HP。

D209

製作年
2009, 2012

地點
桐山

MAP: P162

克勞德・勒維克
Claude Lévêque [France]

在寂靜或喧囂中～手旗信號之庭

映照宇宙的家

這是利用空屋整體的裝置藝術。無論是火山岩從紅色閃耀光芒逐漸冷卻下來的作品，者是以太陽為意象的在天空中浮現的紅色圓的作品，每間房間都能樂享不同的作品。2015年的新作，是屋外豎立高約3.5公尺懸吊鏡面的桿子。鏡子映照著周圍的風景，風吹過時，可以見到樹林的不同表情。

D
松
代
地
區

詳細地圖1　松代中央·松代「農舞台」

〈松代商店街（松代Hokuhoku通）〉

D099　創作庭院　土屋公雄 Kimio Tsuchiya [Japan]

D251　松代商店街周邊土牆修復計畫　村木薫 Kaoru Muraki [Japan]

D320　黃金遊戲場　豐福亮 Ryo Toyofuku [Japan]（P188）

D354　CASABARATA　摩尼爾·范特米 Mounir Fatmi [Morocco / France]（P188）

D355　鬼舞　阿岱爾·阿德斯梅 Adel Abdessemed [Algeria / France]（P189）

D356　SF（夏日小說）　金氏徹平 Teppei Kaneuji [Japan]（P189）

〈小荒戶〉

D194　回來的紅色丁字褲少年　關根哲男 Tetsuo Sekine [Japan]

〈農舞台周邊〉

★D053　松代雪國農耕文化村「農舞台」　設計=MVRDV [the Netherlands]（P190）

D054　松代住民博物館　喬塞夫·瑪麗亞·馬丁 Josep Maria Martin [Spain]

D055 ∩ Café Reflet　讓·路克·維勒穆特 Jean-Luc Vilmouth [France]

D057 ∩ 沙漠之中·火之周圍　法布里斯·依貝 Fabrice Hybert [France]

D058　關係－黑板的教室　河口龍夫 Tatsuo Kawaguchi [Japan]

D059　天地之間　藤本修三 Shuzo Fujimoto [Japan]

D115　空隙　ZERO ZERO ESU ESU [Japan]

D116　輪子上的攀登架　牛嶋均 Hitoshi Ushijima [Japan]

D350　「Yidaki－迪吉里杜與澳洲大地之音」展　YIDAKI: Didjeridu and the Sound of Australia（P1

D351　暗箱計畫　淺田創 Tsukuru Asada [Japan]（P191）

D001　梯田　伊利亞·艾密利亞·卡巴科夫Ilya & Emilia Kabakov [Russia]（P195）

D060　魚板屋倉庫計劃　小澤剛 Tsuyoshi Ozawa [Japan]

D061　花開妻有　草間彌生 Yayoi Kusama [Japan]（P194）

D063　旅人的迷宮　歲森勲 Isao Toshimori [Japan]

D064　記憶－再生　井上廣子 Hiroko Inoue [Japan]

D125　地震計　奧諾雷 d'O Honore d'O [Belgium]

D155　青蛙合唱團　大西治、大西雅子 Osamu Ohnishi, Masako Ohnishi [Japan]

D185　樂器公園　岩井亜希子×大場陽子 Akiko Iwai×Yoko Oba [Japan]

D247　松代鄉土資料館 Matsudai History Museum（P190）

D311　圓－緣－演　松田重仁 Shigehito Matsuda [Japan]

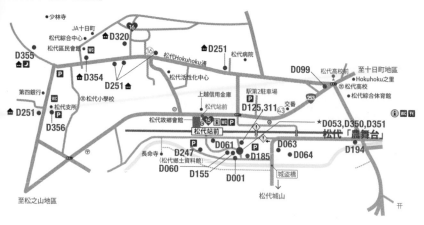

少林寺

JA十日町
松代綜合中心
松代區民會館 🅿️WC
D320

D355
♨️♪

D251

D354
D251

第四銀行
🅿️ WC
🅿️松代支所
D251
松代小學校

松代Hokuhoku湯

松代病院

松代活性化中心

D356

上越信用金庫
松代站前

松代故鄉會館
WC🅿️

D099 松代高校前
至十日町地區
Hokuhoku之里
松代高校
松代綜合体育館

駅第2駐車場
交番
253
D125,311
43

WC 🅿️

★D053,D350,D351

松代「農舞台」

松代站前

D063
D061
D064
D194
D247
(松代鄉土資料館)
長命寺
D060
D155
D001
D185

城盗橋

松代城山

至松之山地區

开

D054 🎧

D058 🎧

D060

D099

D194 🎧

D251

D320

豐福亮
Ryo Toyofuku [Japan]

製作年
2015～
地點
松代商店街
MAP: P187

黃金遊戲場

與非日常嬉戲

位於商店街，乍見非常普通的家，其實是閃耀著金黃色的豪華遊戲場。充滿違和感的非日常體驗，引領來訪者到達異界。

[活動]黃金的遊戲大會：8/3, 4, 10, 11, 31、9/1, 7, 8　18:30～21:30（費用1,000日圓, 定員8人）／蟲的格鬥技：8/5, 12、9/2, 9　10:00～12:00（免費）／金色戒指製作：8/11, 12　10:00～17:00（隨時參加, 費用2,000日圓）／黃金獎章製作：8/13　10:00～17:00（隨時參加, 費用500日圓）

D354

摩尼爾·范特米
Mounir Fatmi [Morocco / France]

製作年
2018
地點
松代商店街
MAP: P187

CASABARATA

溫暖的家

為了讓整座街町都變溫暖，所以使用很多暖氣設備的家。作品名稱是摩洛哥出身的創作者出生的小鎮名稱。他貧苦幼時住的家與越後妻有慢慢消逝的家重疊了。失去的家與從未消失的記憶重疊了。

[補助]法國文化中心

D355

阿岱爾‧阿德斯梅
Adel Abdessemed [Algeria / France]

製作年
2018
地點
松代商店街
MAP: P187

鬼舞

射向小屋的光

古老的木造農業小屋佇立於農田旁邊。對於今年開始不再使用的小屋，在國際間極為活躍的阿爾及利亞出身創作者，製作了裝置藝術讓光可以射進小屋。在日暮或者打上燈光時，可以看到與白天截然不同的面貌（夜間鑑賞從日落～21:00）。

[補助]法國文化中心

D356

金氏徹平
Teppei Kaneuji [Japan]

製作年
2018
地點
松代商店街
MAP: P187

SF（夏日小說）

從倉庫發動時光機器

夏季派不上用場而在倉庫裡待機的除雪車，裝上「從未見過的世界想像發生裝置」，只有在冬天才使用的器具，搖身一變成為時光機器般的立體作品，產生了聲音與照明有如科幻電影的裝置藝術。

[攝影‧編輯]松見拓也　[音效設計]荒木優光、小松千倫　[照明]高田政義

D
松代地區

*D053 ♫

設計= MVRDV
MVRDV [the Netherlands]

製作年
2003～
地點
松代
MAP: P187

松代雪國農耕文化村「農舞台」

D247
松代鄉土資料館

宣傳里山的魅力
「農」的田野博物館

迎接開館15週年的「農舞台」，以「都市與農村的交換」
為概念，舉辦各式各樣的活動。大約有30件作品集中的
這一帶，非常推薦到農田裡散步，還有機會與裡頭的生物
相遇。此外今年還有「松代梯田Bank」的限定商店登場
（P237）。好好享受只有當地才能採購的美味稻米與酒等
特別商品。另外，鄰接的「松代鄉土資料館」除了可以認識
當地的歷史以外，也是內行人才知道的休憩點，順道過去
看看吧。

[地址] 十日町市松代3743-1
[開館時間] 9:00～18:30
[費用]「農舞台」800日圓，松代鄉土資料
館300日圓，藝術祭會期間出示鑑賞護照
免費
[電話] 025-595-6180

越後松代里山食堂

食材也成了藝術品
里山Buffet

可以品嚐松代當季美食的里山Buffet。大量使用具有生產履歷的新鮮蔬菜、在大地自然生長的山菜,將鄉土味與家庭料理精心擺盤,以Buffet的方式提供家常菜。選擇自己喜歡的組合品嚐越後妻有的豐富滋味。

照片為「里山Buffet」的盛盤例, 大人1,700日圓, 小學生1,000日圓, 幼兒500日圓

D351

製作年
2017
地點
松代「農舞台」底層挑高空間
MAP: P187

淺田創
Tsukuru Asada [Japan]

暗箱計畫

NEW

體驗相機裡的世界

松代「農舞台」底層挑高空間增添了一件熱鬧繽紛的體驗型、遊戲型作品,攝影暗箱。創作者是名攝影師,這是為了讓人體驗照相機裡到底發生了什麼事而製作的作品。從作品內部所映照出的天地反轉的風景,最初看到照片時的奇妙感覺彷彿再現。

製作年
2018
地點
松代「農舞台」
MAP: P187

「Yidaki－迪吉里杜與
澳洲大地之音」展

前往迪吉里杜深遠的世界

這是2017年3～7月在南澳洲立博物館舉行,引起極大話題的
「Yidaki－迪吉里杜與澳洲大地之音」展覽的日本巡迴展。
展覽會上樂器與音樂、旁白及影像融合,讓人充分沉浸在
Yidaki(迪吉里杜的別稱)的世界,展覽由住在澳洲北部阿
納姆地的森林裡的Yolngu族原住民協助製作。非常期待能
親身感受迪吉里杜的聲音與振動的互動展示。

[展示構成]度態建築(dot
architects)
[協力]南澳洲立博物館、澳大利亞國
立博物館
[補助]澳大利亞政府、Australia now

製作年
2018
地點
松代「農舞台」底層挑高空間
MAP: P187

Yidaki 一迪吉里杜音樂會
feat. Djalu Gurruwiwi & GOMA

迪吉里杜之夜

澳大利亞原住民的傳統樂器,迪吉里杜。因為音樂的、靈性的權威而
廣為人知的大師買魯古魯維維 (Djalu Gurruwiwi),與他的弟子、
在日本也有壓倒性人氣的GOMA率領的「GOMA & The Jungle
Rhythm Section」,合作一夜限定的特別演出。

[時間]9/8(週六)18:30開演　[費用]當日2,500日圓
[演出]Djalu Gurruwiwi, GOMA & The Jungle Rhythm Section
[補助]澳大利亞政府、日澳交流基金、Australia now

製作年
2018
地點
松代「農舞台」底層挑高空間
MAP: P187

瀨戶內馬戲團工廠
Setouchi Circus Factory [Japan]

Fil de Cocon ～
編織仲夏夜

現代馬戲與淨瑠璃人形的饗宴

當火熱的太陽落下,夜晚到訪,有如精靈一般的生物此起彼
落熱鬧喧騰登場,在稻穗上,民眾往上一望,在空中,有如滑
行般走過來的是世界級的走鋼索大師⋯⋯。個性派馬戲團藝
術家在日本原風景中,與淨瑠璃人形交織成幻想世界。

[時間]8/13(週一)、8/14(週二)18:30開演　[費用]當日2,000日圓
[導演‧演出]Bernard Quental(演員、特技)
[演出]Tatiana-Mosio Bongonga(走鋼索)、岡部莉奈(獨輪車)、麻風(舞
旗)、勘緣+木偶舍(人形)等
[音樂]阿部一成(篠笛)、Falcon(吉他)、渡邊庸介(鼓‧打擊樂)
[人形製作&妝髮]計良宏文　[舞台監督]夏目雅也
[補助]一般財團法人地域創造

D
松代地區

製作年
2003
地點
松代「農舞台」外
MAP: P187

草間彌生
Yayoi Kusama [Japan]

花開妻有

讚美大地的花朵

旅客一步出松代站，在眼前迎接的就是這圓點花紋的巨大花朵雕塑。創作者表示「這是目前為止創作的戶外雕刻中最喜歡的作品」。而這作品誕生至今也已經15年了，每次相遇，任何作品都是張開大手給予擁抱，再次確定越後妻有是如此寬厚的大地。

D353

製作年
2017
地點
松代城山
MAP: P198

約翰·考美林
John Körmeling [the Netherlands]

hi 8 way

NEW

眺望「無限」的展望台

設置在松代城山，高4公尺的展望台。兩座螺旋階梯扭轉的組合，是為了表現無限的符號「∞」。從不同角度看，可以見到數字8，也能看到大圓，變化成多種形狀，上下階梯的動作也自然成為無窮盡的往返的設計。

伊利亞‧艾密利亞‧卡巴科夫
Ilya & Emilia Kabakov [Russia]

製作年
2000, 2015
地點
松代「農舞台」、松代城山
MAP: P187、P198

梯田│人生拱橋

[作品贊助者]株式會社倍樂生控股公司

捕捉「生命狀態」的卡巴科夫作品

《梯田》(上圖)除了歌詠傳統稻作的文字,還豎立了
農夫耕種身影雕刻。從農舞台的展望台遠眺,就可以
看到詩與風景、立體作品融合的樣子。《人生拱橋》是
5具雕像剛好連續從橋上走過。從卵形的人頭開始,
其他四座「少年之像」、「背負光箱的男人」、「爬牆
的男人或者是永遠的逃亡」與「最後,疲累的男人」並
列,將人生的生涯階段視覺化。

195

藝術與地區計畫——城山的展望

森青蛙俱樂部　　　　　　　　　　**北川富朗**

在松代「農舞台」南側擴展的城山一帶所棲息的山赤蛙、黑斑蛙當中，森青蛙是少見的美麗青蛙。森青蛙會在水池或水塘上方突出的樹枝上產卵，當蛙卵掉落水面時就成為蝌蚪。然而像這樣的環境已經漸漸減少了。

為了復育森青蛙，3年前的5月成立了森青蛙俱樂部。冬季休眠，4月開始至11月間，可說是野地老師的松山金一先生為大家導覽，主要是城山一帶漫步會這類名稱。人多的時候高達50人，少的時候只有數人輕鬆散步，一邊教大家認識花朵與小動物的名稱與生態，有時候種種山百合，或者帶大家賞鳥，觀察環境。

另外，在城山這一帶仍努力耕作農田。雖然妻有的梯田幾乎都是土石流遺址所開闢而成的，但杉樹會造成地表脆弱，已不執行間伐（伐除部分樹木，以維持足夠的樹木間距，讓森林生長得比較理想）的山野受到傷害。這個地域因為高齡化與勞動力減少，里山風景儼然荒廢，但而在這當中，福島友喜精心努力維持、卡巴科夫作品所在的梯田，成了越後妻有全體的象徵。

more info

以多種形式參與大地藝術祭的城山即將迎來第7屆活動, 不由得想該替城山一帶的未來多多思考了。為了讓這裡的自然景觀得以發揮, 於是請來高野景觀規劃公司協助, 在杉木之間種植植物, 還想加上作品, 打造可以享受飲食與活動的里山漫步行程。

森青蛙俱樂部
[時間] 8/11(週六)、9/8(週六)9:15～11:00
[費用] 一般500日圓, 中小學生免費　[預約] 025-761-7767 (里山協働機構事務局)

D352

製作年
2015
地點
松代城山
MAP:P198

Sense Art Studio +香港農夫+藝想

Sense Art Studio+Hong Kong Farmers+
St. James' Creation [Hong Kong]

大地予我

NEW

為了解「大地的恩惠」

香港的年輕人持續三年來到越後妻有松代的農田上躬身耕作, 學習及交流種植技術, 透過實踐「自然永衡法」學懂珍惜和分享大地予我的豐富資源, 以大自然為師, 思考永續發展和自主生活的意義。另外, 藝想的陶瓷作品亦會在城山的農田上翩翩起舞。

[贊助] 伍集成文化教育基金會

D
松代地區

詳細地圖2　松代城山

D003🎧

D006

D013

詳細地圖②
松代城山

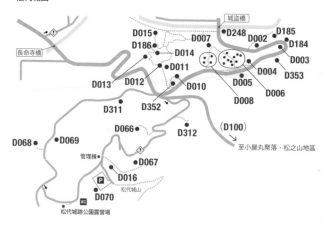

城盗橋

長命寺橋

D015　D186　D007　D248　D002　D185
D014　D011　D184
D013　D012　D010　D004　D003
D311　D352　D005　D006　D353
D066　D008
D068　D069　D312
管理棟
D067
P　D016
松代城山
WC　D070
松代城跡公園露營場

(D100)
至小屋丸聚落‧松之山地區

D312　人生拱橋　伊利亞‧艾密利亞‧卡巴科夫 Ilya & Emilia Kabakov [Russia / USA] (P195)

D352　大地予我　Sense Art Studio +香港農夫+藝想 Sense Art Studio
　　　＋ Hong Kong Farmers＋St. James' Creation [Hong Kong] (P197)

D353　hi 8 way　約翰‧考美林

D015

D016

D068

D069

D070

D184

D
松
代
地
區

跨越全域的作品與活動

大地藝術祭有不少作品、活動是跨越兩個以上的區域展開的。

例如，2003年製作的，表示作品設置場所的黃色記號也是作品之一。

另外，川口豐、內藤香織在《澳大利亞之家》（P156）和《夢之家》（P155）等建物

外面都製作了庭院（《庭園計畫》）。

還有舉辦各式各樣的座談，所以請務必參考這裡的訊息。

A001

妻有路標
瓊澤・戴・格姆拉伊斯José
de Guimarães [Portugal]
（地圖上的△）

A003

庭園計畫
川口豐、內藤香織 Yutaka
Kawaguchi, Kaori Naito
[Japan]

A004

製作年
2018

地點
津南與其他地區

伍韶勁
Kingsley Ng [Hong Kong]

二十五分鐘之後

NEW 3 6

津南光影之旅

作品將行走津南之間的巴士改裝成活動
黑房，根據相機暗室原理，透過針孔，將
津南的風景投映在巴士內。

要觀賞作品必須搭乘區域巴士行程3或6號線(P26)。
巴士的檢查維修日可能停駛，詳情請參考公式HP
〔協力〕越後交通株式會社
〔贊助〕康樂及文化事務署藝術推廣辦事處

E077

製作年
2018
地點
廣域

切腹Pistols
Seppuku Pistols [Japan]

妻有神出鬼沒

和樂演奏與激昂舞步

穿著農夫服，奏著太鼓與三味線等和樂器
到全國各地演奏的切腹Pistols，在大地
藝術祭會期中的八月後半至會期結束為
止，主要在每週末會至越後妻有的祭典，
或者商店街、聚落演奏。十多名團員在街
上遊行，超有氣勢的姿態魄力十足，請一
定要親眼欣賞。

舉辦場地請參考公式HP

E078

製作年
2018
地點
廣域

Baby Pee
[Japan]

大地商人網羅河川－旅行劇場

運進來，運出去

原本是生活中關係更深的物流方式——水運，這部戲劇作品
從荒廢已久的「河川舟運」的角度，重新捕捉越後妻有的大地
與歷史。分成「農村篇」與「都市篇」，在舉辦藝術祭的地區內
以旅行劇場的形式巡演。昔日從這地運到那地，從那裡運回這
裡，人與生物、信仰與藝能等等驚人的活力將在寧靜的里山風
景中出現。

[時間]8/11(週六、假日)～8/19(週日)(13, 16日除外) [演出]柳原良平、根本
Kousuke等 ※舉辦場所等細節請參考公式HP
[公演時間]各30分鐘 [費用]500日圓(出示鑑賞護照免費)，高中生以下免費
[補助]一般財團法人地域創造

製作年
2006~
地點
廣域

伊藤嘉朗
Yoshiaki Ito [Japan]

環妻有自行車賽 2018

騎腳踏車巡遊藝術祭

這是自第3屆藝術祭開始的自行車活動。一邊騎著自行車一邊欣賞美麗的里山風景和藝術作品、建築作品, 如此一來, 「移動」本身也成了藝術之作。2006年以來, 以作家伊藤嘉朗為中心, 在地方人協助下幾乎年年舉辦, 而成為慣例活動。

[主辦單位]環妻有執行委員會
[時間]8/26 (週日)
[出發地點]Mion Nakasato
[路程]120km、90km、70km
[賽程]7:00開始 (70km 8:00), 抵達終點17:00為限

製作年
2018
地點
奴奈川校園
MAP:P161

亞洲藝術論壇 2018 −越後妻有

思考「透過藝術創造地域」

與瀨戶內國際藝術祭聯手舉辦的「透過藝術創造地域」論壇, 藉由此牽起了亞洲各地區的交流網。透過中國之家 (P173)、香港部屋 (P122) 等據點的設立, 可以看到各多樣化的交流互助展開。大家共享亞洲各地區的經驗, 從全球化的角度探討其意義與可能性。

[時間]8/5 (週日) 17:30～19:00
[定員]約100名
[費用]當日2,000日圓, 持鑑賞護照1,000日圓 ※有同步口譯
[主辦單位]公益財團法人福武財團、大地藝術祭執行委員會

E080

松之山校園日

製作年
2018
地點
三省家
MAP:P144

透過「藝術」學到的是？

在地區少子化與人口外移的過程中，「如果沒有學校那麼地區就無法支持下去」的危機感，使得當地居民設立了松高對策檢討會。因為是山間地區的小規模學校，所以能夠實施松之山為主的教育學程。這次藝術祭當中，這套學程作為體驗型講座限定1日公開。包括有志之士的交流座談會在內，大家一同思考「透過藝術學習」的可能性。

[時間] 8/25 (週六) 12:00～17:00　[會場] 三省家
[來賓] 苅宿俊文 (青山大學教授)、北川富朗 (藝術總監)、黑瀨陽平 (Chaos Lounge代表)、佐佐木寬 (新潟國情報大學教授)、中島諒人 (鳥劇場藝術監督) 等　[主辦單位] 松高支援連絡會　[費用] 當日1000日圓

---

more info

從「藝術教育」到「透過藝術的事物教育」

北川富朗

人口外流、少子化的問題下，地方上的年輕後繼者該如何教育變成了重要課題。目前藝術的領域之中，從藝術知識的自我構築、體驗學習、公共藝術的意義、鑑賞教育等等，這樣開展越來越多元。但透過妻有的大地藝術祭經驗，我們發現：藝術這項媒介的特性，就像幼兒，需要有人照顧才會成長茁壯，而身體的律動、料理或用餐帶來的喜悅與祝祭性活動的受人注目，這些都是透過藝術打開的封閉系統。也就是說，現在藝術教育重點已經轉移到「透過藝術的事物教育」。在作品或者論壇中，好好來思考這個問題吧。

活動行事曆 2018

「大地藝術祭」會期當中，除了藝術祭的活動，
還有讓人留下美好回憶的盂蘭盆舞、祭典等當地活動。
來看看活動舉辦時間，有機會也參與吧。

T **T** 十日町地區　**M** **M** 津南地區　**Y** **Y** 松之山地區　**A** **A** 跨區或廣域活動
K **K** 川西地區　**N** **N** 中里地區　**D** **D** 松代地區

※方框為大地藝術祭相關活動，圓框為當地祭典

※WS＝工作坊

每日舉辦的活動

T　9:00-19:00 展示、企畫展等｜「2018年〈方丈記私記〉」@KINARE　7月29日(週日)～8月2日(週四) 王耀慶「表演的秘密 KNOW YOURSELF」等　※參觀費用依各方丈記作品計畫而定。詳情請參考公式HP或直接在會場確認
→P90

T　12:30-/13:30-/14:30- 節目・食｜EAT & ART TARO「米飯秀」@KINARE　※費用2,000日圓 →P92

T **K**　10:00-11:00 表演｜「鼴鼠電視台」@KINARE　※午後開始，鼴鼠君在NAKAGO GREEN PARK出沒，週二休
→P93

M　10:00-17:30 展示・活動｜聲音掏腰包「oversea sound scoop」@香港部屋　※免費(香港部屋參觀費用另計)
→P124

M　13:30-14:20 食・表演｜上鄉劇場館餐廳「北越雪譜」@上鄉劇場館　※費用2,000日圓，需預約、週四休 →P119

N　10:00-17:30 WS｜東京電機大學日野研究室＋共立女子大學堀小組「繩編工作坊」@映射屋　※免費 →P140

定期舉辦的活動

K　每週五～一10:30- WS｜to the woods「來製作世界上獨一無二的果醬吧」@NAKAGO GREEN PARK　※費用500日圓 →P78

K　每週六・日・假日11:00- WS｜里山藝術動物園「動物奇想天外」@NAKAGO GREEN PARK →P74

K　7月29日(週日)～8月31日(週五)的平日10:00-/11:30-/14:30-　週六・日・假日 10:00-/12:30-/14:30- 展示・音樂・舞蹈｜關口恒男「越後妻有彩虹小屋2018」@NAKAGO GREEN PARK　※免費 →P78

K　7月29日(週日)・8月22日(週三)～9月17日(週一假日) WS・表演｜里山藝術動物園「河童老師◆龍形風箏高飛大作戰↑↑在越後妻有天空」「河童老師♥天然神祕茶屋!! feat. Yatai Trip」@NAKAGO GREEN PARK　※免費
→P74

7月28日（週六）

T 16:00- 音樂｜小林武史 交響組曲《円奏彼方（Beyond The Circle）》～based on 柴田南雄《川流不息》～ @越後妻有文化中心→P95

M 17:00-翌日17:00 網路放送｜蛙王・郭孟浩＋香港演藝學院「UFrogO入侵香港部屋」@香港部屋 →P124

7月29日（週日）－開幕日－

T 10:00- 紀念儀式｜開幕式 @越後妻有里山現代美術館〔KINARE〕

T 16:00- 音樂｜小林武史 交響組曲《円奏彼方（Beyond The Circle）》～based on 柴田南雄《川流不息》～ @越後妻有文化中心→P95

M 17:00-翌日17:00 網路放送｜蛙王・郭孟浩＋香港演藝學院「UFrogO入侵香港部屋」@香港部屋 →P124

Ⓜ 向日葵婚禮@沖之原

7月30日（週一）

T 14:00-15:00紀念儀式｜大地予我交流展開幕@越後妻有文化中心 →P99

D 17:00-論壇｜「關於南極人文學的諸問題」@奴奈川校園 →P170

7月31日（週二）

T 14:00-15:30 WS｜大地予我「馬鈴薯人花盆」作陶體驗@十日町市民活動中心→P99

8月2日（週四）

D 10:30-11:30 WS ｜郇建安、王耀慶「W & Wworkshop」@中國之家 →P173

8月3日（週五）

D 18:30-21:30 WS｜豐福亮「黃金的遊戲大會」@松代商店街 →P188

8月4日（週六）

M 14:00-15:00 WS｜陳麗娟「Object in Exchange for your Stories」@香港部屋 →P123

M 14:00-15:00 WS｜字花「交換故事」@香港部屋 →P123

M 16:30-18:00 WS｜香港部屋作品解說行程＋交流會 @香港部屋 →P123

M 18:00- 粵劇｜香港演藝學院《論疊韻 》@上鄉劇場館 →P120

Y 13:00-15:00 WS ｜「昆蟲標本製作講座」@KYORORO →P152

D 18:30-21:30 WS｜豐福亮「黃金的遊戲大會」@松代商店街 →P188

T Komo通夏祭典 @高田町

Y 盂蘭盆舞 @下布川社區活動中心

8月5日（週日）

M 14:00-15:00 WS｜陳麗娟「Object in Exchange for your Stories」@香港部屋 →P123

M 14:00-15:00 WS｜字花「交換故事」@香港部屋 →P123

D 17:30- 論壇｜「亞洲藝術論壇2018－越後妻有」@奴奈川校園 →P202

D 10:00-12:00 WS｜豐福亮「蟲的格鬥技」@松代商店街 →P188

D 15:00- WS｜柿木Project WS

8月8日（週三）

K 長福寺盂蘭盆舞

8月9日（週四）

T 九萬九千日祭典 大之坂舞踊@長泉寺

8月10日（週五）

D 18:30-21:30 WS｜豐福亮「黃金的遊戲大會」@松代商店街 →P188

A 10:30- 舞蹈＋音樂｜珍奇蘑菇舞蹈團＋三田村管打團?快樂Bakakinoko舞, 遊行!遊行! @松代商店街等 →P172

· ·

8月11日（週六）

M 16:30- 音樂｜青葉市子「白色之聲與花produced by 島袋道浩」@秋山鄉（結東・石垣田）→P127

Y 10:00-12:00 WS｜橋本典之的製作工作坊@松之山自然休養村中心 →P152

D 9:15-11:00 WS｜森青蛙俱樂部@松代「農舞台」～城山附近 →P196

D 10:00-17:00 WS｜豐福亮「金色戒指製作」@松代商店街 →P188

D 17:30-18:30舞蹈＋音樂｜珍奇蘑菇舞蹈團＋三田村管打團?快樂Bakakinoko舞, 遊行!遊行! @松代商店街等 →P172

D 18:30-21:30 WS｜豐福亮「黃金的遊戲大會」@松代商店街 →P188

A 演劇｜Baby Pee「大地商人網羅河川－旅行劇場」@IKOTE 2F →P201

· ·

8月12日（週日）

T 18:00- 音樂｜Ohtaka靜流＋Asian Wings「BACCA＊GOHGI祭典!2018」@繪本與樹木果實美術館 →P109

Y 19:00-20:30 WS｜「夜間博物館」@「森林學校」KYORORO →P152

D 10:00-12:00 WS｜豐福亮「蟲的格鬥技」@松代商店街 →P188

D 10:00-17:00 WS｜豐福亮「金色戒指製作」@松代商店街 →P188

D 10:30-12:00 WS｜FC越後妻有足球隊WS @奴奈川校園 →P169

A 演劇｜Baby Pee「大地商人網羅河川－旅行劇場」@小荒戶集落 →P201

8月13日（週一）

D 10:00-17:00 WS｜豐福亮「黃金獎章製作」@松代商店街 →P188

D 18:30- 馬戲團｜瀨戶內馬戲團工廠「Fil de Cocon ～編織仲夏夜」@松代「農舞台」底層挑高空間 →P193

T 新保廣大寺內盂蘭盆舞

K 野口盂蘭盆舞

M 中津地區盂蘭盆舞大會 @舊中津小學

· ·

8月14日（週二）

D 12:00- 舞蹈・音樂｜日藝祭（西洋舞蹈・日本舞蹈・DJ）@奴奈川校園 →P169

D 18:30-馬戲團｜瀨戶內馬戲團工廠「Fil de Cocon ～編織仲夏夜」@松代「農舞台」→P193

A 14:00-演劇｜Baby Pee「大地商人網羅河川－旅行劇場」@結東・Katakuri之宿・體育館（秋山鄉）→P201

T 盂蘭盆舞 @枯木又

T 原盂蘭盆舞 @原天滿宮

T 下条花火大會 @下条小學

K 中屋敷盂蘭盆舞

M Najyomon盂蘭盆舞

N 清津川河畔音樂祭 @清津川Fresh Park

Y 上川手盂蘭盆舞

Y 真november雪祭 @大嚴寺高原

D 室野盂蘭盆舞 @洞泉寺

8月15日（週三）

D 10:00-20:00 演劇｜莇平戲劇祭@明後日新聞社文化事業部 →P179

D 11:00-舞蹈‧音樂｜日藝祭（西洋舞蹈‧日本舞蹈‧DJ）@奴奈川校園 →P169

A 演劇｜Baby Pee「大地商人網羅河川－旅行劇場」@明後日新聞社文化事業部 →P178

T 東下組地區盂蘭盆舞 @下条

T 岩野盂蘭盆舞 @岩野神社

T 三之村盂蘭盆舞

T 盂蘭盆舞 @小泉上原神社

T 鐙島地區扮裝盂蘭盆舞

K 仁田盆

N 倉俣盂蘭盆舞

N 清田山露營場祭

Y 三省地區盂蘭盆舞 @三省屋

Y 留山水壩祭 @天水越

D 松代區盂蘭盆舞 @松代小學

8月16日（週四）

D 11:00-/12:30- 音樂｜日藝祭（銅管樂）@奴奈川校園 →P167

T 為永盂蘭盆舞 @為永觀音寺

D 犬伏盂蘭盆舞 @澁海神社

8月17日（週五）

A 演劇｜Baby Pee「大地商人網羅河川－旅行劇場」@NAKAGO GREEN PARK →201

T 盂蘭盆舞 @十王堂観音

D 裸祭@犬伏

8月18日（週六）

T 18:30-19:30 音樂｜鬼太鼓座「[RAGE Nonstop－連鎖激情]DA‧打Hit&Silence!!!」@妻有神社 →P103

M 16:00-17:00 WS｜李智良「Dislocation andUnbelonging - Reading and Sharing」、（字花）「自作讀書會」@香港部屋 →P123

D 10:00- WS｜日藝祭（放送、製作新種昆蟲WS）@奴奈川校園 →P169

A 音樂｜切腹Pistols「妻有神出鬼没」@松代等地 →P201

A 演劇｜Baby Pee「大地商人網羅河川－旅行劇場」@IKOTE 2F →P201

T 下条盂蘭盆舞

D 松代夜市 夏夜點燈奉茶夕宴 @Hokuhoku通り

8月19日（週日）

M 16:00-17:00 WS｜李智良「Dislocation andUnbelonging - Reading and Sharing」、（字花）「自作讀書會」@香港部屋 →P123

Y 10:00-12:00 WS｜新野洋WS @松之山自然休養村中心 →P152

D 4:30- 運動｜「星峠雲海馬拉松」@奴奈川校園～星峠 →P174

D 10:00- WS｜日藝祭（放送、製作新種昆蟲WS）@奴奈川校園 →P169

A 音樂｜切腹Pistols「妻有神出鬼没」@下条等地 →P201

A 演劇｜Baby Pee「大地商人網羅河川－旅行劇場」@越後妻有「上郷劇場館」→P201

T 貝川盂蘭盆舞

T 樽澤秋祭

8月25日（週六）

T 18:30- 舞蹈｜廣田Atsu子「霧之衣」@神明水邊公園Butterfly Pavilion →P60

Y 12:00-17:00 論壇｜「松之山校園日」@三省家 →P203

D 9:30- 活動｜石松丈佳「田野倉聚落梯田計畫2018」@田野倉 →P180

A 音樂｜切腹Pistols「妻有神出鬼没」@松代等地 →P201

T 上新田祭典 @愛宕神社

T 三村秋祭典 @諏訪社

T 妻有神社祭典

T 二屋諏訪神社祭典

T 北鐙坂諏訪神社祭典

T 高島松尾神社秋祭典

T Belnatio夏祭典 @水澤

T 十日町大祭 @十日町市街地周邊

T 南鐙坂十二神社祭典

T 大黒澤秋祭典 @八幡神社

T 伊達秋祭典 @八幡神社

T 水澤秋祭典 @八幡神社

T 細尾・天池秋祭典 @薬師堂

T 珠川秋祭典

M 結東秋季祭礼 @結東

N 重地秋祭典 @重地神社

Y 不動樣祭典 @天水越不動社

Y 湯山大祭神楽祭 @松之山體育館

8月26日（週日）

D 10:30-12:00 WS｜FC越後妻有足球隊WS @奴奈川校園 →P169

A 7:00- 運動｜伊藤嘉朗「環妻有自行車賽 2018」→P202

A 音樂｜切腹Pistols「妻有神出鬼没」@松代等地 →P201

T 三村秋祭典 @諏訪社

T 二屋諏訪神社祭典

T 北鐙坂諏訪神社祭典

T 高島松尾神社秋祭典

T Belnatio夏祭典@水澤

T 十日町大祭 @十日町市街地周邊

T 小泉上原神社秋祭典

T 稲葉十二社祭典

T 山谷吉田神社大祭

T 南鐙坂十二神社祭典

T 大黒澤秋祭典 @八幡神社

T 真田郷里山交流音樂會 @中手松苧神社

T 伊達秋祭典 @八幡神社

T 水澤秋祭典 @八幡神社

T 細尾・天池秋祭典 @薬師堂

T 珠川秋祭典 @水澤

K 上野大扮裝大會 @星名邸前的縣道

M 熊野三社祭

N 重地秋祭典 @重地神社

Y 浦田地區芸能祭 @浦田小學體育館

D 松代Shichinchi祭典 @Hokuhoku通

8月27日（週一）

Ⓣ 十日町大祭 @十日町市街地周邊

Ⓣ 稻葉十二社祭典

Ⓣ 山谷吉田神社大祭

Ⓚ 上野Shichinchi祭典 @星名邸前縣道

Ⓜ 熊野三社祭

Ⓓ 松代Shichinchi祭典 @ Hokuhoku通

8月29日（週三）

Ⓝ 山崎神社秋季大祭

8月31日（週五）

Ⓚ 13:30-15:00 WS｜鼴鼠祭典 @Nakago Green Park　→P74

Ⓜ 8:00-20:00 演劇｜Sample／松井周「自豪的兒子」@上鄉劇場館 →P120

Ⓓ 18:30-21:30 WS｜豐福亮「黃金的遊戲大會」@松代商店街 →P188

Ⓣ 風神 @川治

9月1日（週六）

Ⓣ 14:00- 座談｜田島征三＋亞瑟・比納德座談「繪本與樹木果實美術館『身體之中、心裡深處』」@十日町情報館　→P108

Ⓜ 18:00-20:00 演劇｜Sample／松井周「自豪的兒子」@上鄉劇場館 →P120

Ⓓ 18:30-21:30 WS｜豐福亮「黃金的遊戲大會」@松代商店街 →P188

Ⓐ 音樂｜切腹Pistols「妻有神出鬼沒」@松代等地 →P201

Ⓣ 赤倉神樂

Ⓣ 石佛祭典 @鉢

Ⓣ 馬場秋祭典 @白山姬神社

Ⓣ 土市秋祭典

Ⓣ 太田島秋祭典 @小牧社

Ⓣ 水澤市之澤秋祭典澤

Ⓚ 千手神社秋季大祭

Ⓚ 取安祭典 @取安神社

Ⓓ 室野秋祭典演芸會 @奴奈川校園

9月2日（週日）

Ⓜ 8:00-20:00 演劇｜Sample／松井周「自豪的兒子」@上鄉劇場館 →P120

Ⓨ 10:00-12:00 WS｜「KYORORO土壤動物研究」@KYORORO →P152

Ⓓ 10:00-12:00 WS｜豐福亮「蟲的格鬥技」@松代商店街　→P188

Ⓐ 音樂｜切腹Pistols「妻有神出鬼沒」@十日町市街地等→P201

Ⓣ 石佛祭典 @鉢

Ⓣ 馬場秋祭典 @白山姬神社

Ⓣ 土市秋祭典

Ⓣ 太田島秋祭典 @小牧社

Ⓣ 水澤市之澤秋祭典

Ⓚ 千手神社秋季大祭

Ⓚ 取安祭典 @取安神社

Ⓚ 小白倉紅葉引秋祭

Ⓓ 室野秋祭典

9月7日（週五）

D 18:30-21:30 WS｜豐福亮「黃金的遊戲大會」@松代商店街 →P188

9月8日（週六）

T 10:00-15:00 WS｜寺田浩之(KOKOPELLI+)「群落生境＆山羊 夏季生物觀察會Special 7 WS」@繪本與樹木果實美術館→P108

K 10:00-17:30 活動｜關口恒男「原始未來銳舞派對」@NAKAGO GREEN PARK →P78

M 18:00-20:00 WS｜Bubb & Gravityfree with KEEN「前往中津川銀河天體宇宙觀測與夜晚的DEAI初公開」@太田新田→P126

D 9:15-11:00 WS｜森青蛙俱樂部 @松代「農舞台」城山附近 →P196

D 18:30- 19:30 音樂｜Yidaki－迪吉里杜音樂會 feat. Djalu Gurruwiwi & GOMA @松代「農舞台」 →P193

D 18:30-21:30 WS｜豐福亮「黃金的遊戲大會」@松代商店街 →P188

M 越後妻有GRAFT FAIR @ New Greenpia Tsunan

N 芋川秋祭典

9月9日（週日）

D 10:00-12:00 WS｜豐福亮「蟲的格鬥技」@松代商店街 →P188

M 18:00-20:00 WS｜Bubb & Gravityfree with KEEN「前往中津川銀河天體宇宙觀測與夜晚的DEAI初公開」@太田新田→P126

M 越後妻有GRAFT FAIR @ New Greenpia Tsunan

N 芋川秋祭典

9月15日（週六）

M 18:00-19:00 舞蹈｜霓虹舞蹈「益智拼圖」@上鄉劇場館 →P121

9月16日（週日）

M 18:00-19:00 舞蹈｜霓虹舞蹈「益智拼圖」@上鄉劇場館 →P121

D 10:30-12:00 WS｜FC越後妻有足球隊WS @奴奈川校園 →P169

A 音樂｜切腹Pistols「妻有神出鬼沒」@十日町市街地等→P201

9月17日（週一）-閉幕日-

T 紀念儀式｜閉幕式

聚落的盂蘭盆舞活動

清津川河畔音樂祭

十日町大祭

品味藝術祭

旅行資訊指南

飲食店
宿泊設施
周邊商品等

藝術作品與壯闊的大自然當然是旅行目的，但是飲食、住宿絕對是旅程中不可或缺的重要元素。無論如何一定要樂享大地的美食饗宴，接受熱情款待並進入甜美夢鄉。此外，也介紹地方名產與周邊商品，以及越後妻有周遭的市町村觀光情報。為旅遊回憶再添一層色彩。

※各餐廳店與住宿設施名稱保留日文原文，以便讀者在當地尋找比對。

藝術與「食」

在此完整介紹大地藝術祭的作品或中心設施中經營的咖啡店、餐廳。
來享受涵蓋在藝術之中的越後妻有才有的飲食體驗吧。

產土神之家　　MAP: P55 T120

用餐時與聚落的婆婆媽媽一起輕快閒聊

這個夏天產土神之家為來客提供的是能夠品嚐當地夏天的三種食：主餐為信濃川鱒魚的「川」定食、主餐為妻有豬的「山」定食，以及充分使用採收的蔬菜做的「畑」定食。使用展出作家安藤雅信的陶製餐具的「產土神咖哩」也同樣推薦。

[地址] 十日町市東下組3110
[營業時間] 10:00～17:30（L.O.17:00，午餐11:00～14:00）
[定休日] 週三（8/15照常營業）
※請出示鑑賞護照，否則需要入館費

越後信濃川 Bar　　MAP: P85 T025

在里山現代美術館品味鄉土美食

展現信濃川孕育的豐饒自然恩惠的餐廳。藝術祭會期間EAT & ART TARO所舉辦的《米食秀》（P92），可以試吃越後妻有各地的稻米。料理長原Sayaka拿手的家常菜組合也不要錯過。

[地址] 十日町市六之一丁目71-2
越後妻有里山現代美術館[KINARE] 2F
[營業時間] 11:00～17:00
[電話] 025-761-7371
※請出示鑑賞護照，否則需要入館費

清津 Café　　MAP: P131 N72

[地址] 十日町市角間未1528-2
越後妻有清津倉庫美術館內
[營業時間] 只有週六、日　11:00～16:00（L.O.15:30）
※請出示鑑賞護照，否則需要入館費

數量限定！IG上的熱門點心

仿天然紀念物「弘法大師的扭轉杉」形狀的吉拿棒，是中里商工會青年部的提案，當地清津峽地區的咖啡愛好者，提供細心沖泡並適合搭配剛炸好的吉拿棒的咖啡。

Café Fragment　　MAP: P162 D347

[地址] 十日町市清水718 舊清水小學（D347《Art Fragment》內）
[營業時間] 11:00～16:00
[定休日] 週一、二
※請出示鑑賞護照，否則需要入館費

咖啡愛好者無法抗拒的美味

在《Art Fragment》（P182）圍繞的空間內，享受講究生產者與環境的精品咖啡。推薦「Fragment Blend」咖啡與鹽味飯糰。店內也舉行多樣的飲食活動。

Hachi Café

MAP: P83 T173

拓展繪本世界觀的咖啡廳

繪本與樹木果實美術館內設置的咖啡廳。改裝的店內運用了以前小學使用的課桌椅，有如繪本世界讓人沉浸其中。大量使用當地鉢&聚落的婆婆媽媽們種植的蔬菜所做的餐點，素材的美味讓原創餐點更受歡迎。

[地址] 十日町真田甲2310-1
[營業時間] 11:00〜16:30（L.O.16:00，午餐11:00〜14:00）
[電話] 025-762-0066
※請出示鑑賞護照，否則需要入館費

越後妻有「上郷劇場館」餐廳

MAP: P111 M052

劇場型餐廳中前所未有的飲食體驗

當地人們製作料理，鑑賞者品嚐。這一連串的活動也是整套表演的趣味餐廳，今年也期間限定公開。餐廳只提供套餐（2,000日圓），運用當地蔬菜與津南豬，著重「當地生產當地消費」精神。節目請參考P119。

[地址] 津南町上郷宮野原7-3
[營業時間] 13:30〜14:20（預約制），咖啡廳15:00〜17:30（L.O.17:00）
[定休日] 週四
[電話] 025-755-5363
※請出示鑑賞護照，否則需要入館費

食文化體驗工房里山廚房

MAP: P144 Y019

品嚐里山美食大飽口福

位於「森林學校」KYORORO的餐廳，講究地使用魚沼越光米等當地食材，提供當地婦女做的里山料理。在店內可以欣賞笠原由紀子+宮森Haruna創作的壁畫《變態-場所的記憶-「探索松之山的植被」》。

[地址] 十日町市松之山松口1712-2
[營業時間] 10:00〜15:00（午餐11:00〜14:00，L.O.14:00）
[電話] 025-595-8311

越後松代里山食堂

MAP: P187 D053

在藝術空間內享用里山Buffet

松代「農舞台」的餐廳，滋味豐富的家常菜Buffet讓人欣喜。鏡面的餐桌映照出松代四季流轉的風景，可以欣賞讓·路克·維勒穆特設計的《Café Reflet》，在店內從落地玻璃望出去的美麗里山風光也很特別。

[地址] 十日町市松代3743-1　松代「農舞台」2F
[營業時間] 11:00〜17:30（L.O.17:00，午餐11:00〜14:00）
[電話] 025-595-6180（松代「農舞台」）

越後妻有的「飲食」

旅遊的樂趣之一是美食。
人們總會想品嚐自然大地孕育出的地方食材或當地名產。

日本第一美味的魚沼產越光米，
越光米製造的當地酒，
新鮮的野菜與妻有豬，
絹織物生產地常使用的布海苔，也活用在名產片木盒蕎麥麵。
來介紹當地人喜愛的越後妻有在地餐飲店。

首先是十日町市的中心街區。
可以選擇定食或單品料理的食堂，別具匠心的拉麵店，
有口皆碑的蕎麥麵店，質樸輕鬆的居酒屋。

松之山溫泉與津南町公所附近也有不少飲食店。

當你進到店裡，說不定坐在你身旁的就是藝術家。
請輕鬆地接觸交流吧。

手打拉麵萬太郎

MAP: P85 ①

有嚼勁的麵條與
妻有豬肉叉燒

以豬油與小魚乾的高湯加上粗麵條的「醬油拉麵」（680日圓）很受歡迎。麵糰以木棍搥打過的製法，讓麵條更有彈性。其他食材也很講究，叉燒、絞肉與豬油全都是十日町的妻有豬，使用當地釀造廠製造的無添加味噌與醬油，襯托出醇厚味道與香氣的拉麵。「十日町火焰擔擔麵」（800日圓）可要求以妻有的黏土所燒製的容器盛裝。大碗麵不加價，帶大群家人來享用也很輕鬆。

[地址]十日町市上島丑735-8妻有SC內 [營業時間]11:00～22:00（L.O.21:30） [定休日]無休 [電話]025-757-0398 [URL]www.llc-katsumi.com 有Wifi ※鑑賞護照特惠 加大份量・加大份豬油免費，可加味噌煮蛋或海苔

源太壽司

MAP: P55②

[地址] 十日町市下条4-376
[營業時間] 11:30～14:00（週二～
六，L.O.13:30），17:00～22:00（
L.O.21:30）
[定休日] 週一
[電話] 025-755-2040
[URL] genta-sushi.com
※鑑賞護照特惠 飲食消費滿
5000日圓以上贈送特製托特包

越後的魅力，壽司與酒

可在輕鬆的日式現代風格的空間中，品嚐自家製的魚沼越光米鮮魚壽司，從在地酒到調酒，酒單豐富。當地野味料理也很吸引人（需預約）。

株式會社トックス

MAP: P85⑤

[地址] 十日町市新座甲390-1
[營業時間] 7:00～16:30
[定休日] 無休
[電話] 025-752-3952
※鑑賞護照特惠 單價800日圓便
當，訂購20份以上市內免費配送，
30份以上九折優惠

到大自然野餐吧！

町內的活力便當店。可因應客人的預算與希望提供特製便當（500日圓～，使用魚沼產越光米的便當800日圓～）。天氣好的時候帶著便當去野餐吧。

居酒屋くらくら

MAP: P55③

[地址] 十日町市四日町新田349-1
[營業時間]
17:00～0:00（L.O.23:00）
[定休日] 週二
[電話] 025-752-5577

在居酒屋裡自在喝一杯

古民家風格的和式空間極具魅力，料理以日式為主，從固定菜單到創意料理價都很實惠，也有提供燒肉。美味的酒搭配小菜，與好友閒聊更開心。

中國料理天山

MAP: P55⑥

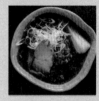

[地址] 十日町市南新田町1-5-5
[營業時間]
11:30～14:30，17:00～21:30
[定休日] 週四
[電話] 025-757-6432

使用當地食材的自豪正統中華料理

提供當地妻有燒的火焰型陶器盛裝的當地美食十日町火焰擔擔麵（850日圓），與中華料理店才有的酸辣湯麵（800日圓），還有蝦仁燴麵（1,080日圓）等多樣選擇。

お食事処 やまゆり

MAP: P67④

[地址] 十日町市上野甲2924-28
[營業時間] 11:00～16:30
[定休日] 不定休
[電話] 025-768-4419
[URL] www.nakago-golf.com

在旅途中放鬆小歇

包括「光之館」在內擁有多處藝術作品的NAKAGO GREEN PARK附設的餐飲處。從店裡可以遠望越後群山，飽覽自然與藝術後，來享用美味食物與甜點吧。

千手溫泉　千年之湯

MAP: P67⑦

[地址] 十日町市水口澤121-7
[營業時間] 10:00～22:00（最後入
場21:30），用餐11:00～20:00
[定休日] 無休
[電話] 025-768-2988
[URL] www.machidukuri-
kawanishi.com

泡湯後品嚐名產

在源泉溫泉的玉石風呂與檜風呂中洗去旅途勞頓，小嶋屋總本店的片木盒蕎麥麵與名產「千年之湯拉麵」等，在餐飲區可以享受當地各店的招牌風味。

麵日和 そらや

MAP: P55 ⑧

[地址]十日町市四日町1615-2
[營業時間]
11:00~15:00, 17:00~21:00
[定休日]不定休
[電話]025-752-5900

當地人氣拉麵

推薦豬骨高湯與鯛魚乾高湯調製的「鯛魚高湯鹽味拉麵」，以及國產生薑香味濃的「特製醬油拉麵」。使用講究的天然素材，清爽味醇的好味道。

土龍 - MOGURA -

MAP: P85 ⑨

[地址]十日町市西寺町3-1
[營業時間]
11:00~14:00, 17:00~22:00
[定休日]週三
[電話]025-761-7002
[URL]m.facebook.com/
tokamachi.mogura/?local2=ja_jp
※鑑賞護照特惠　大碗或加半碗
魚沼產越光米飯免費

晚上提供的豐富小菜受歡迎

最受歡迎的是含有山椒香味與辣椒辣味口感的「四川風麻婆麵」，在清淡的湯中加入烤雞肉的「鹽味雞肉湯麵」很受女性客人好評，客層極廣。帶小孩來也很方便。

やきとり大吉

MAP: P85 ⑩

[地址]十日町市站前通127-3
[營業時間]17:00~24:00
[定休日]不定休
[電話]025-752-7465

充滿活力的串烤店

朝氣十足的接客態度讓人感覺舒適，這是十日町站前通的人氣店家。新鮮食材一串串仔細準備好，用心料理的店家。一個人也能安心走進去的店家。

ちどりや
衣裝與二手和服

MAP: P55 ⑪

和服之町最適合的土產

店家為消費者提供「適合現代的和服生活」。以實惠的價格即可購買浴衣（1,000日圓～）、扇子、草鞋等夏裝，除了新潟縣內的高級品，還有送外國人的土產，華麗的和服與腰帶再適合不過。

[地址]十日町市中条丙985-1大熊商店2F
[營業時間]10:00~17:00
[定休日]週四
[電話]025-755-5225
[URL]kimono-chidoriya.com
※鑑賞護照特惠　購買滿1,000日圓以上贈送特製手巾。

GRILL & DINING
オステリアQ

MAP: P85 ⑫

帶有備長炭香氣的正統燒烤店

以仔細慢烤的肉類為主，西班牙料理Ajillo、推薦料理，以及適合搭配葡萄酒的小菜也很多。自家製的西班牙水果酒（600日圓）與海膽奶油義大利麵（1,480日圓）請一定試試。備有包廂與陽台座位，美麗的店內也很吸引人。週六日與節日有提供午餐。

[地址]十日町市高田町2-291-19 1F(靠近平交道的建物)
[營業時間]17:00~22:30
[定休日]週三
[電話]025-757-0429

サバス

MAP: P85 ⑬

[地址] 十日町市本町3-369-1
新十日町飯店1F
[營業時間] 17:30～24:00
[定休日] 不定休
[電話] 025-750-1248
※鑑賞護照特惠　餐後咖啡免費

與朋友輕鬆享用義大利料理

除了披薩與義大利麵，還有和風與中華風等多樣化的
料理與飲料。氣氛沉靜的店內，任何人都能安心用
餐，適合多人聚餐的地方。

喰い処 豊吉

MAP: P85 ⑭

[地址] 十日町市關口樋口町107-4
[營業時間] 17：00～23:00
[定休日] 週一
[電話] 025-757-9629
鑑賞護照特惠　推薦地酒的冷酒
享優惠，180ml一律500日圓

手作料理讓人欣喜的居酒屋

前身為食堂，已創業37年的人氣居酒屋。當地產的新
鮮蔬菜，津南豬的串烤與串炸、自製奇異果汁等手作
料理值得一嚐，也有很多來自遠方的忠實顧客。

豬排・一品料理
文よし

MAP: P85 ⑮

[地址] 十日町市七軒町230-1
[營業時間] 11:30～13:00, 17:30～
23:00
[定休日] 週日 (遇上假日要確認)
[電話] 025-752-3089

在和式空間安心享用

店內以和風為基調，讓人感到溫馨，能隨意放鬆坐
下。吧台的架上排列著每天進貨的新鮮食材。午餐時
段使用妻有豬的豬排定食很受歡迎。

越後妻有的
美味家庭料理

MAP: P85 ⑯

品嚐十日町的大地恩惠

出身農家的老闆娘，因為「想吃到十日町自豪的農產
品」而開始經營的居酒屋，提供自家栽培講究的魚沼
產越光米與大量蔬菜，以妻有豬為主的當季十日町物
產菜單有一長串。使用越光米粉製作的披薩與奶汁烤
菜也很受歡迎。

[地址] 十日町市本町6-1-415
[營業時間] 11:00～14:00, 17:00～22:00
[定休日] 不定休 [電話] 025-752-5505
[URL] www.facebook.com/etigotumari.gottaku
※鑑賞護照特惠　贈送自我培植魚沼產越光米粉

彌八

MAP: P85 ⑰

居酒屋的特別午餐

在沉靜的民藝風店內，可以品嚐當季的一品料理，店
內提供酒、菜餚與茶泡飯。夜間當然有營業，但藝術
祭期間提供限定午餐，以實惠價格推出滿是季節野菜
與手做家常菜的「媽媽味家常菜拼盤」！

[地址] 十日町市七軒町299
[營業時間] 11:30～14:30
[定休日] 無休
[電話] 025-757-3541

モダン食堂KICHI

MAP: P85 ⑱

[地址]
十日町市若宮町372大清ビル1F
[營業時間] 12:00～24:00
[定休日] 不定休
[電話] 025-752-6493
[URL] https://r.gnavi.co.jp/
g8n56gvz0000

店主的講究餐點

這家餐廳店主十分熱愛大地藝術祭，一邊享用店內使用當地食材料理的美食，一邊交流藝術祭的情報吧。店內也有許多藝術祭商品與藝術家的簽名喔。

お菓子処 木村屋 站前通本店

MAP: P85 ⑲

[地址] 十日町市站前通98-1
[營業時間] 8:30～18:30
[定休日] 只有新年元旦
[電話] 025-752-2280
※鑑賞護照特惠 熱咖啡＋奶油泡芙(特價300日圓)，冰咖啡＋奶油泡芙(特價350日圓)

來甜點店休息一下

這家糕餅點心店販售有十日町市知名點心伴手禮「つぼんこ」「星峠の棚田米フリアン」「土器ドキ最中」等，產品豐富。在街上逛得累了時，來這吃甜點休息一下吧。

鮨かわ田

MAP: P85 ⑳

[地址] 十日町市昭和4-241-1
[營業時間] 11:30～13:30，17:00～22:30 (L.O 22:00)
[定休日] 週三
[電話] 025-757-5552

來點握壽司加地方酒享用吧

使用當季素材的握壽司讓人相當過癮，這家店原創特製的「十色納豆」也是人氣逸品。店內提供種類豐富的日本各地之地酒。為藝術祭特別推出的特製午餐(2,700日圓)也很吸引人。

松乃壽司

MAP: P85 ㉑

[地址] 十日町市加賀糸屋町103-1
[營業時間] 11:00～24:00
[定休日] 週日
[電話] 025-757-2234
[URL] www.m-sushi.com
※鑑賞護照特惠 餐點費用享5%優惠

精妙的壽司屋

除了提供美味的日本酒與握壽司，「高麗菜捲」(1,080日圓)與「大份綜合壽司」(1,600日圓)也頗受好評。更讓人意外的是，這家壽司店還是迴力鏢專賣店。

タナカクマキチ。

MAP: P85 ㉒

[地址] 十日町市昭和町4-156-22明石商事ビル2F
[營業時間] 11:00～22:00(L.O.21:00)，週日只營業至17:00(L.O.16:00)
[定休日] 不定休
[電話] 025-761-7101

使用當地食材讓客人滿足

使用津南豬、在地蔬菜與高長釀造場的味噌等當地素材的料理十分豐富。古民家的內裝風格也讓店裡充滿沉靜的氣氛。白天或晚上都適合品嚐美酒的好地方。

酒菜家 旬

MAP: P85 ㉓

[地址] 十日町市昭和町4-156-19
[營業時間] 17:00～23:00
[定休日] 週二
[電話] 025-752-7727
[URL] sakanaya-shun.com

多彩的當地料理與美酒

這家日式居酒屋魚類與肉類料理都頗受好評。特別推薦使用在柏崎市場採購的當地物產與魚、京都產的生豆皮與當季蔬菜做成的料理。無論和洋都很豐富，酒類也很出色。

食楽空間 だぼる

MAP: P85 ㉔

[地址] 十日町市西浦町西192-7
[營業時間] 17:00～23:00
[定休日] 不定休
[電話] 025-750-5525
※鑑賞護照特惠　餐點費用享10%
優惠

一期一會的「推薦料理」

這是一家會讓人感受到木頭暖意的隱密店家。每天會視情況改變菜單，每次造訪都會遇到新的推薦料理。一定要吃的是「炸紅燒妻有豬」（648日圓）。

直志庵 さがの

MAP: P83 ㉗

[地址] 十日町市伊達甲1047-11
[營業時間] 11:00～21:00
[定休日] 無休
[電話] 025-758-4160
※鑑賞護照特惠　餐點費用享10%
優惠

職人自豪的蕎麥麵與烏龍麵

店內招牌商品是繼承上一代的蕎麥麵與來自京都的烏龍麵。蕎麥麵加入了布海苔而更加順口，使用了飛魚、柴魚、京田柴魚的高湯是香醇美味的逸品。

葵壽司

MAP: P85 ㉕

[地址]
十日町市山本町4丁目891番地
[營業時間]
11:30～14:00, 17:00～23:00
[定休日] 週一（假日除外）
[電話] 025-757-8965
[URL] aoizushi.net
※鑑賞護照特惠　餐後咖啡免費
招待

美味的米, 美味的魚, 美味的酒

親子三人在吧台前製作的握壽司，都是每天在市場精挑細選的食材。壽司丼1,000日圓～，午間套餐1,350日圓～，備有各種午餐選擇。配合活動推出的特製壽司也很讓人期待。

そば処 あてま

MAP: P83 ㉘

[地址] 十日町市珠川
[營業時間] 11:00～16:00
[定休日] 無休
[電話] 025-758-2360

讓人想嚐試看看的名物蕎麥麵

這是位於「當間高原度假中心BELNATIO」的蕎麥麵舖，使用嚴選蕎麥粉與古老技法手打製成，麵身有彈性，口感極佳。

ワークセンターなごみ

MAP: P83 ㉖

[地址] 十日町市八箇甲354-7
[營業時間] 9:00～17:00
[定休日] 藝術祭會期中不定休
[電話] 025-750-1010
※鑑賞護照特惠　刨冰半價（平常
為200日圓）

來買十日町的伴手禮花林糖

店內販賣以富含營養且美味的新潟產大豆為原料，使用當地豆腐店生豆渣製成的健康花林糖。原味、可可、味噌與甜酒口味是藝術祭的人氣伴手禮。

さわだや

MAP: P83 ㉙

[地址] 十日町市馬場丁1664丙
[營業時間]
11:30～13:30, 17:00～22:30
[定休日] 週四
[電話] 025-758-2083
※鑑賞護照特惠　餐點費用滿
3000日圓享10%優惠，小學生以下
兒童免費招待霜淇淋一杯

讓人飽腹且心滿意足的定食

便宜且分量滿點的午餐頗受好評，每日定食特別受歡迎，晚上提供各式各樣的手製單品料理。讓客人能輕易走進的居家氣氛也很吸引人。

そばの郷 Abuzaka

MAP: P83 ㉚

品味里山的四季

自家種植的蕎麥以石臼研磨後，加上布海苔增加滑順口感的蕎麥麵，還有大量運用當地蔬菜、野菜與乾物漬菜的鄉土料理，有如Buffet般豐富多樣。從窗邊遠眺四季變化的田園風光也是一絕。藝術祭期間限定的「田舍便當」也值得品味。

[地址]十日町市南鐙坂2132　[營業時間]午餐11:00～15:00、咖啡廳11:00～17:00（L.O. 16:30），無預約　[定休日]週四
[電話]025-755-5234　[URL]abuzaka.com

そばや清兵衛

MAP: P83 ㉛

[地址]十日町市真田丙1896
[營業時間]11:00～15:00
[定休日]不定休
[電話]025-757-1298
※鑑賞護照特惠　餐點費用享10%優惠

有口皆碑的蕎麥麵名店

只選用當地產蕎麥的麥仁磨粉，製作的蕎麥麵放置一會兒也不會失去彈性，為其特色。因應季節選用不同的盛裝器皿讓擺盤更吸引人，在蕎麥麵街是有口皆碑的人氣店。

かどまん食堂

MAP: P111 ㉜

[地址]中魚沼郡津南町大字下船渡乙1538-1
[營業時間]11:00～21:00
[定休日]週三
[電話]025-765-3041
[URL]www.facebook.com/kadoman77

適合全家一起來的食堂

小木屋十分顯眼，日式座席的店內空間不論是老人或小孩都很自在，使用自家搗製麵條的烏龍麵，有彈性的口感受顧客歡迎。還有定食丼物等多種選擇。

鮨割烹 ちはら

MAP: P133 ㉝

[地址]十日町市上山己1596
[營業時間]11:30～13:30（只有週六、週日），17:00～22:30
[定休日]週一
[電話]025-763-2034

讓人沉醉的壽司與魚料理

當季的生魚片、壽司與單品料理豐富，連龜翁或瀨祭等少見的日本酒也可以只點單杯。「招牌握壽司10貫」（2,800日圓），「大吟釀試飲組合」（1,500日圓）很受歡迎。

手打ちラーメン 柳屋

MAP: P144 ㉞

[地址]十日町市松之山湯本16-3
[營業時間]11:00～22:00
[定休日]第2・4週的週四
[電話]025-596-2065

昭和10年創業的拉麵老舖

用豬骨、雞骨、昆布、飛魚等熬煮出來的麥芽糖色高湯，與松之山的泉水、加入魚沼產越光米粉製成的有彈性自家麵條很搭，風味極佳。使用「湯治豬」製作的叉燒肉也是逸品。

フレンドリー高橋

MAP: P55 ㉟

[地址] 十日町市下条2-212
[営業時間] 7:00〜18:30
[定休日] 無休 (偶爾臨時店休)
[電話] 025-755-2702

枯木又 黒米そば店

MAP: P55 ㊱

[地址] 十日町市中条丁S33-1 枯木又体験交流施設のっとこい
[営業時間] 藝術祭期間的週日11:00〜14:00
[電話] 営業日025-759-2326, 営業日以外025-759-2317

和食割烹 網元なか田

MAP: P85 ㊲

[地址] 十日町市田中町本通235-2
[営業時間] 11:30〜13:30、17:30〜22:30
[定休日] 不定休
[電話] 025-757-5417
[URL] www.amimoto-nakata.jp

ビストロサニーサイド

MAP: P85 ㊳

[地址] 十日町市西本町3-6-8
[営業時間] 11:30〜14:30、17:30〜21:00
[定休日] 週二
[電話] 025-755-5208

居酒屋 楠乃木 (魚兼本店)

MAP: P111 ㊴

[地址] 中魚沼郡津南町上郷宮野原39-1
[営業時間] 11:30〜13:30 (只有藝術祭會期間)、17:00〜22:30
[定休日] 不定休
[電話] 025-766-2009

水の里・管理センター

MAP: P111 ㊵

[地址] 津南町大字秋成12673-2
[営業時間] 9:30〜15:30
[定休日] 週五 (也會不定休)
[電話] 070-4367-0669

手打そば処 とみざわ

MAP: P111 ㊶

[地址] 津南町下船渡丁7842-1
[営業時間] 11:00〜19:00 (蕎麥麵賣完會提早打烊)
[定休日] 週四
[電話] 025-765-2535

小島屋製菓店

MAP: P144 ㊷

[地址] 十日町市松之山新山565-1
[営業時間] 7:00〜19:00
[定休日] 第1・3週的週三
[電話] 025-596-2104

居酒屋 とも八

MAP: P187 ㊸

[地址] 十日町市松代3773-24
[営業時間] 18:00〜23:00
[定休日] 週日
[電話] 025-595-6080

越後妻有的住宿

在活水不絕的源泉溫泉，體驗一下里山生活的旅館⋯⋯。
有許多各有特色的住宿設施，讓旅行有更深刻的回憶。

旅館清水屋　　MAP: P85 ①

[地址] 十日町市昭和町4-131-2
[費用] 素泊＝5,400日圓～／1泊2食＝7,800日圓～
[電話] 025-752-2477
[URL] www.ryokan-shimizuya.com
※鑑賞護照特惠　1泊2食旅客贈送飲料一瓶

方便前往旅遊景點的旅館
位於離車站只要徒步2分鐘的地段，最適合作為觀光的據點。具有商務旅館的便利與安全性，兼有日本旅館平靜的地方，可好好安歇。人工溫泉24小時可入浴（限住宿者）。

ホテル＆ダイニングしみず　　MAP: P85 ③

[地址] 十日町市本町2-223
[費用] 單人素泊＝6,100日圓～／附早餐600日圓
[電話] 025-752-2058
[URL] www.hotel-simizu.com

前往市街地便捷
位於離十日町站只要徒步5分鐘的市中心街區地段，附近有許多餐飲店與居酒屋。早餐提供的魚沼產越光米飯、研磨咖啡與水素水可無限享用。全館可使用Wi-Fi。

原田屋旅館　　MAP: P85 ④

[地址] 十日町市本町5-212-1
[費用] 1泊2食＝7800日圓～
[電話] 025-752-2121
[URL] www.neptune.jstar.ne.jp/~haradaya/
※鑑賞護照特惠　招待霜淇淋

ホテルニュー十日町　　MAP: P85 ②

「旅館派」的舒適住宿
位於市中心街區地段，離十日町站只要徒步5分鐘，作為旅行據點很方便的商務旅館。清潔舒適的客室，充實的設備，準備了高品質客床以提高安眠品質。在此可受優閒餘裕的旅行時間。

[地址] 十日町市本町3-369-1
[費用] 素泊＝單人房6,480日圓、雙人房12,960日圓（早餐＋820日圓）
[電話] 025-752-7400
[URL] www.new-tokamachi.co.jp
※鑑賞護照特惠　1泊2食旅客贈送飲料一瓶

林屋旅館　　MAP: P133 ⑥

[地址] 十日町市山崎己1463
[費用] 素泊＝6,480日圓～／1泊2食＝8640日圓～
[電話] 025-763-2016
[URL] www.hayashiya-ryokan.com

當地產食材與熱情服務
創業100年的近代和風旅館，搭乘鐵道或巴士等公共交通前往也很方便。當地採集的山菜或河魚等當季料理讓人大飽口福。可以感受到極致服務的宿泊感。

當間高原度假中心 BELNATIO

MAP: P83 ⑤

在里山的度假中心悠然度過時光

情侶、三五好友、家人等各類型旅客都能滿足需求
的度假中心飯店,也有適合帶著嬰兒旅行的行程,
或者帶著寵物一同出遊的小木屋。除了能夠俯瞰
當間高原「美之湯」、露天風呂的「故里之湯」等
感受四季美景的四座溫泉外,從和食到洋食都可
選擇的三間餐廳,可以享用魚沼產越光米和新潟
和牛。戶外還提供自行車、網球、高爾夫、獨木舟
等各種活動。

[地址] 十日町市珠川
[費用] 素泊=9,936日圓～／1泊2食=13,176日圓～
[電話] 025-758-4888
[URL] www.belnatio.com

根津峽湯元溫泉 清津館

MAP: P131 ⑦

[地址]十日町市小出癸2126-1
[費用]1泊2食=13,110日圓～／1泊附早餐=8,790日圓～
[電話]025-763-2181
[URL]www.kiyotsukan.com
※圖為住宿者專用的私人露天溫泉

面向津清峽溪流絕景的露天溫泉

明治30年創業以來，就是清津峽有名的溫泉源頭旅館。活用當季河魚、山菜等食材的鄉土料理是他們自豪的菜單。質樸而溫暖的服務，加上天然源泉溫泉的名湯，讓身心得到療癒。

花とほたる 湯のさと 雪国

MAP: P111 ⑧

[地址]津南町大字外丸丁2274
[費用]1泊2食=12,960日圓～
[電話]025-765-3359
[URL]www.tsunan-yukiguni.net
※鑑賞護照特惠 贈送「津南之水」一瓶

在黃金色的溫泉中放鬆身心的溫泉宿

在這座溫泉旅館可好好享受津南溫泉的黃金色溫泉。津南的鄉土料理與越後的海陸料理都十分美味，邊泡湯邊遠望津南的自然風光，優閒度過時間讓心情放鬆下來。

逆卷溫泉 川津屋

MAP: P111 ⑨

[地址]津南町結東逆卷84-1
[費用]1泊2食=13,500日圓
[電話]025-767-2001
[URL]kawatsuya.localinfo.jp/
※鑑賞護照特惠 日歸溫泉入浴咖啡免費招待，2名客人1泊2食者贈送津南地酒。

文豪吉川英治曾經下榻過的溫泉旅宿

這間旅館在祕境秋山鄉已有200年歷史，因為吉川英治曾為了寫作在這家旅宿停留而聞名。源泉溫泉的洞窟風呂獲選為日本100名湯，山菜藥膳料理與熊肉鍋是自家餐點。

ひなの宿ちとせ

MAP: P144 ⑬

享受雪雲與溫泉的恩惠，名物「柵田鍋」與「湯治豬」

日本三大藥湯之一的松之山溫泉，溫泉成分是一般溫泉15倍的高濃度泉水，在這裡可以享受源泉活水的兩座露天風呂與兩間私人浴池。使用雪融水培育的美味稻米與山菜的里山鄉土料理，還有以溫泉地熱料理的「湯治豬」是只有在這片土地上才能享用的美食。

[地址]十日町市松之山湯本49-1
[費用]1泊早餐=12,030日圓～／1泊2食=16,350日圓～（皆為一室2人的單人費用，已附稅與入湯稅）
[電話]025-596-2525 [URL]www.chitose.tv

越後田中溫泉 しなの荘

MAP: P111 ⑩

在河邊的獨棟旅館放鬆喘息

位在信濃川畔的里山聚落鄉下旅館。整座館內散發著讓人安心自在的氣氛。滑溜溜的泉質是百分之百自家源泉的溫泉，活用地方食材做出的鄉土日本料理也是店家自豪的。JR飯山線「越後田中站」徒步5分鐘即可達。

[地址]津南町大字上郷上田乙2163 [費用]素泊=8,000日圓～／1泊2食=13,000日圓～ [電話]025-765-2442 [URL]www.tsunan-kanko.co.jp　[日歸入浴]大人600日圓、兒童300日圓
※鑑賞護照特惠 日歸入浴大人優待100日圓，兒童優待51日圓

酒の宿　玉城屋

MAP: P144 ⑭

[地址] 十日町市松之山湯本13
[費用] 1泊2食＝19,000日圓〜
[電話] 025-596-2057
[URL] www.tamakiya.com

在小小的旅館中品嚐
「酒與法國料理」

根著於雪國里山的發酵食文化來自於良質水。使用這種好水所栽種的地方蔬菜，米其林二星法國餐廳「Ryuzu」出身的料理長推出這裡才嚐得到的里山料理。另外，日本酒匠兼葡萄侍酒師、同時也是第四代的年輕老闆搭配了最適合的新潟地酒與葡萄酒。使用當地食材的法國料理搭配地酒與葡萄酒的組合，是獨一無二的。溫泉是日本三大藥湯之一的松之山溫泉，同時也來享受這裡的源泉溫泉吧。

まつだい芝峠温泉 雲海

MAP: P162 ⑮

可以遠望魚沼群山的溫泉旅館

這裡最有名的是可以眺望壯觀景色的展望露天溫泉。欣賞著四季不同的壯麗絕景，療癒旅行的疲憊。附近也有許多藝術祭的作品，可以輕鬆擬定觀賞作品的計畫。

[地址] 十日町市蓬平11-1
[費用] 1泊2食＝12,500日圓〜
[電話] 025-597-3939　[URL] www.shibatouge.com
[日歸入浴] 大人600日圓、小人300日圓
※ 鑑賞護照特惠　日歸入浴優待100日圓

山ノ家
Cafe & Dormitory

MAP: P187 ⑯

[地址] 十日町市松代3467-5
[費用] 素泊＝4,500日圓
[營業時間] 咖啡廳12:00〜18:00
／早餐・晚餐需預約
[定休日] 週二
[電話] 025-595-6770
[洽詢] info@yama-no-ie.jp
[URL] yama-no-ie.jp

獨棟的小屋兼咖啡廳

以商店街的民宅改裝而成，在一樓的咖啡廳可以享用滿是當地蔬菜的餐點和甜點、地酒。咖啡廳也可舉行工作坊或音樂會等，為多功能空間。二樓則是青年旅館式的住宿空間。

New Greenpia Tsunan

MAP: P111 ⑪

苗場山麓地質公園大地上的廣闊自然中的四季度假勝地

在100萬坪左右的大片土地上，除了有飯店、溫泉等，還有其他多種休閒設施。有泳池、高爾夫、網球、桌球、健身房、滑雪場等運動選擇，還可體驗放天燈活動，兒童與大人都能在此玩得盡興。館內也有可眺望雄偉景色的展望露天大浴池與家庭溫泉風呂等。快到大地藝術祭許多作品所在的津南地區一遊吧。從東京也有直達巴士抵達。

[地址] 津南町秋成12300
[費用] 1泊2食＝13,500日圓～
[入浴] 9:00-21:00／大人500日圓、小學生300日圓
[電話] 025-765-4611
[URL] new-greenpia.com

無印良品津南露營場

MAP: P111 ⑫

體驗行程豐富的森林露營場

這座森林露營場,在山毛櫸與水楢樹等闊葉林的森林圍繞下,一眼望去可見到信濃川河流下切作用造就的日本最大級河階台地。這是全日本三座無印良品露營場之一(1995年開幕)。特別是「戶外教室」,可以體驗垂釣、划獨木舟,或者在標高903公尺的山伏山上健行,體驗行程豐富。另外,剛開始接觸露營活動的人,可以在此租借個人的基本露營配備。

[地址]津南町上郷寺石
[費用]開車露營大人2,160円、小學生1,080円
[電話]03-5950-3660
MUJI OutDoor NETwork
週一〜週五(假日除外)10〜17時
[URL]www.muji.net/camp/

在極富情趣的雪國之里，享受綠意盎然的夏季

雪國觀光圈

雪國觀光圈包括越後妻有（十日町、津南町）與魚沼市、南魚沼市、湯澤町與水上町、榮村等共3縣7個市町村，還保留著雪國的自然與文化。來到越後時不妨也順便造訪這些地區，領略各地有所不同的魅力。

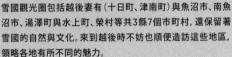

大地藝術之里

十日町市

北越急行線
松代站
十日町站
松之山溫泉
里山遊客中心
十日町市觀光協會

小出站
魚沼市觀光協會
浦佐站
魚沼市

六日町站
南魚沼市
南魚沼市觀光協會

津南町觀光協會
津南町

越後湯澤站
廣域觀光
情報中心
水上町
（群馬縣）

榮村
榮村秋山鄉觀光協會
湯澤町

水上町觀光協會
上越高原駅

山野健行湯澤 I

湯澤町

[洽詢] 湯澤町役場產業觀光部觀光商工課 ☎025-784-4850（平日8:30～17:15）
[URL] https://www.town.yuzawa.lg.jp/kanko/kankou/tozan/trekking_1.html
※準備適合健行的鞋與最低限度的裝備

步行至山毛櫸原生林的平坦行程
步行時間大約4～5小時的健行行程。從JR越後湯澤站搭巴士大約15分鐘，從下車站「八木澤」開始，走到山毛櫸原生林為止的往返路途，是沿著清津川的平坦道路，路幅寬廣十分好走。

八海山（纜車＋健行）

南魚沼市

[洽詢] 六日町八海山滑雪場 ☎025-775-3311（南魚沼市山口1610）
[URL] www.princehotels.co.jp/amuse/hakkaisan/trekking/
※準備最低限度的裝備與入山申請

靈峰八海山登山健行
八峰當中越後三山的其中之一，八海山。若是以登頂爬上險峻的岩場為目標的行程，較適合登山高級者。不過，也有所需時間約2小時，適合初級者的「纜車行程」，以及享受輕登山的「體驗行程」。

魚沼天際線

可以遠眺名山的兜風行程

沿著魚沼丘陵的山脊兜風行程。北自南魚沼市的八箇峠，南到十日町市十二峠所連結起來的這條路，除了可遠眺魚沼群山，南魚沼市栃窪聚落附近的梯田與山岳景觀也很怡人。

六日町站東口的酒店街

好想多喝幾家，懷舊的歡樂街

JR六日町站東口從以前開始就是商店街，晚上也相當熱鬧。串烤店「ひじり」、日本酒種類豐富的「きなり」，以及料理頗受好評的「なにわ茶屋」跟「魚沼釜蔵」，一定要多續幾攤喝個痛快。

奧只見湖

[營業時間]9:30～15:30
40分鐘周遊(5/20～10/15)
[費用]大人980日圓／小學生490
日圓／幼兒免費
[電話]025-795-2750

搭遊覽船拜訪祕境，奧只見之旅

遙遠彼方有殘雪的連峰，環繞著湖的是新綠的山毛櫸林。這是日本最大的人造湖，奧只見湖。祕境初夏有如北歐一樣浪漫，來搭遊覽船體驗就像在峽灣公園一樣的絕景吧。

西福寺開山堂

[地址]魚沼市大浦174
[營業時間]
9:00～15:40(參拜只到16:00)
[費用]大人500日圓／中學生·身
心障礙者(出示殘障手冊)300日圓
／小學生以下免費
[電話]025-792-3032
[URL]www.saifukuji-k.com/

日本米開朗基羅的出色天井畫

被稱作是日本米開朗基羅的幕末名匠師，石川雲蝶，在此留下大作。以開山祖道元禪師為題材的雕刻、繪畫與灰泥細工等多件名作可供欣賞。特別是五彩繽紛的天井雕刻《道元禪師降伏猛虎圖》可說是傑作。

谷川岳 (纜車+健行)

[時間]平日8:00～17:00／週末
7:00～17:00
[費用]大人＝單程1,230日圓，往返
2,060日圓／兒童＝單程1,170日圓
，往返1,960日圓
[電話]0278-72-3575
※準備適合健行的鞋與最低限度的
裝備

注意急遽變化的氣候

日本百名山之一，位於群馬與新潟縣境的谷川岳，自山頂可以從新潟一眼望盡關東平野。搭乘纜車也得走上2小時。因為山上的氣候容易變化，所以一定要攜帶雨具。

法師溫泉

[地址]群馬縣水上町永井650
[日歸入浴時間]
10:30～14:00(受理至13:30)
[費用]1,000日圓
[定休日]週三
[電話]0278-72-3055
[URL]www.hoshi-onsen.com

140年歷史的祕湯

雖然只有長壽館一間旅館，卻是有自豪的140年歷史的祕湯。建築被登錄為國家文化財。因為弘法大師巡錫教化來到此處而廣為流傳，鹿鳴館樣式的大浴場更命名為「法師乃湯」。提供日歸入浴服務。

越後本手打ちそば しんばし

[地址] 南魚沼郡湯澤町湯澤488-1
[營業時間] 11:00～20:00
[定休日] 週三
[電話] 025-784-2309
[URL] www.soba-shinbashi.net

以石臼研磨的當地蕎麥粉

魚沼與湯澤當地產的蕎麥粉加上魚沼的水，代代相傳的手打蕎麥麵。蕎麥粉是自家以石臼研磨的，另外還使用當地蔬菜神樂南蠻（辣椒的一種）製成的調味料，其他雪國風味的配菜也很多樣。

新潟前すし処 大寿司

[地址]
南魚沼郡湯澤町湯澤321-13
[營業時間] 11:40～14:00／16:40
～21:30 (21:00L.O.)
[定休日] 週三
[電話] 025-784-2163
[URL] www.oozushi.com

講究的當地料理，車站附近的名店

秉持「魚來自日本海，白米飯使用越光米」的新潟地區美味概念經營，是JR越後湯澤站附近的名店。店也提供使用當地蔬菜與傳統調味料的罕見壽司。因為很受歡迎，所以需預約。

むらんごっつぉ

[地址] 南魚沼郡湯澤町湯澤2455
HATAGO井仙2F
[營業時間] 11:30～14:30
(L.O.14:00)／18:00～、19:00～
(L.O.20:00)
[定休日] 週三
[電話] 025-784-3361
[URL]
hatago-isen.jp/murangozzo

有如法式料理般賞心悅目的和食

旅館「HATAGO」的用餐處，仔細料理魚沼產的食材，美麗的盛盤方式有如法式料理，但味道還是和風口味，白天提供午餐與套餐，晚上提供三種套餐。

龍寿し

[地址] 南魚沼市大崎1838-1
[營業時間]
12:00～13:30／平日18:00～22:30
(L.O. 22:00)、週日假日18:00～
21:30 (L.O. 21:00)
[定休日] 週三
[電話] 025-779-2169
[URL] www.ryu-zushi.com

新鮮嚴選材料

位於里山聚落的壽司屋。魚沼產的白米、山葵與新鮮當地魚都是絕品。還有外國客人特別來這家店吃壽司。需要預約的單品魚料理套餐也很推薦。

欅苑

[地址] 南魚沼市長森24
[營業時間] 11:30～15:00 (入店時
間至13:00)／17:00～21:30 (入店
時間至19:30)
[定休日] 不定休
[電話] 025-775-2419
[URL] www.keyakien.com/
eigyou.html

多樣良質素材造就的田園御膳

在許多樹木圍繞下的茅葺屋頂民家中享用田園御膳。料理所使用的米與蔬菜幾乎自家栽種，將當季素材的美味無限提升。白天與晚上各提供兩種套餐供選擇。需預約。

Grassa（グラッサ）

[地址] 南魚沼市浦佐1622-4
[營業時間] 11:30～14:00／週二至
週六18:00～22:00 (L.O. 21:00)、
週日18:00～21:00 (L.O. 20:00)
[定休日] 週一、第三週週日
[電話] 025-777-4339

湧泉與當地蔬菜料理出的義大利美食

JR浦佐站附近的義大利餐廳，魚沼的當地蔬菜與山菜，透過主廚的巧手化身義大利料理，水是每天早上從八海山麓汲來的湧泉，也可以請主廚利用今日的蔬菜自由搭配。

農家レストラン まつえんどん 南魚沼

[地址]南魚沼市美佐島972
[營業時間]
11:00～15:00／18:00～21:00
[定休日]週日
[電話]025-775-7401
[URL]www.facebook.com/
miwanouen

農家經營的家常菜與創作料理店

在金澤料理店工作的夫婦，一邊務農一邊經營農家餐廳，菜色十分豐富，從固定的家常菜到獨創的一品料理都有。吃到飽的午餐很受歡迎，需預約的夜晚套餐人氣也很高。

たっぽ屋 南魚沼

[地址]南魚沼市下一日市855道之驛南魚沼內
[營業時間]10:00～17:00（
L.O.16:30／12月～4月)／10:00～
18:00 (L.O.17:30 (5月～11月)
[定休日]無休 (除了元旦)
[電話]025-783-3770
[URL]
snow-food.jp/tappoya/#

超越印象中休息站的食材與味道

位於道路休息站的食堂，定食與丼飯、蕎麥麵等一般主食幾乎全使用當地素材，不使用化學調味料，十分講究。加了米粉的蕎麥麵放上配菜，加入高湯品味的特製「蕎麵丼」十分受歡迎。

宮野屋 南魚沼

[地址]南魚沼市大崎八海山大崎澤口3742
[營業時間]11:00～18:00
[定休日]週四
[電話]025-779-2145

在八海山麓品味有彈性的纖細蕎麥麵

八海山的登山道入口，八海山尊神社元宮旁邊的蕎麥麵店，麵加了山牛蒡與布海苔，做出彈性佳而纖細的麵條，供應給當地的登山者已超過100年以上，也可預約套餐。

釜炊きめしや こめ太郎 南魚沼

[地址]南魚沼市上一日市323-5
[營業時間]11:00～15:00（
L.O.14:30)／17:00～22:00（
L.O.21:30)
[定休日]1～3月、8月、10月無休，其他時段週四休
[電話]025-783-3132
[URL]www.kometarou.com

在古民宅品嚐釜飯與定食

國道17號線途中有座300年以上歷史的古民家，以鹽澤產越光米炊煮的釜飯，還有大量使用自家蔬菜與魚的定食，可品嚐在地食材。7～9月中旬提供圍爐裡直火炭烤的香魚。

田舍食堂 いろりじねん 魚沼

[地址]魚沼市上折立718 (湯之谷シルバーライン入口近く)
[營業時間]11:00～16:00 (賣完會提早打烊)
[定休日]週四
[電話]025-795-2577
[URL]irori-jinen.sakura.ne.jp

用心料理自己採集的山菜與蔬菜

店主運用山上採的野菜與當地蔬菜做出的鄉土料理。定食雖然低價，但調味料與高湯都是無添加物的地方產品。夏天的蔬菜與曬乾的山菜，秋天的菇菌料理是名物。因為食材都是自家採集的，所以必須2～3前預約。

そば処 角弥 水上町

[地址]群馬縣利根郡水上町幸知189-1
[營業時間]11:00～ (賣完打烊)
[定休日]週四
[電話]0278-72-2477
[URL]www.kadoya-soba.com

老舗的片木盒蕎麥麵

250年以上歷史的老舗蕎麥麵店。雖然位於水上溫泉的北邊，但可以在這裡品嚐新潟名物的片木盒蕎麥麵，手打蕎麥麵使用山中湧出的清冷泉水，更添勁道，與舞茸和蔬菜天婦羅、鴨湯味道極搭。

HATAGO 井仙

[地址] 南魚沼郡湯澤町湯澤2455
[費用]
1泊附早餐＝9,500日圓～（税外）
[電話] 025-784-3361
[URL] hatago-isen.jp

有8種不同主題的房間

有小憩之間、書齋之間、圍爐裡之間等，準備了不同類型房間的「21世紀溫泉宿」，位於JR越後湯澤站前，設置有24小時的源泉活水大浴場，也提供足湯與日歸入浴的服務。

雪国の宿 高半

[地址] 南魚沼郡湯澤町湯澤923
[費用] 1泊2食＝13,500日圓～
[電話] 025-784-3333
[URL] www.takahan.co.jp

在絕景中享受講究泉質的源泉

代代守護的溫泉源泉是900多年前所發現。泉水溫度43度，被稱誦為不老不死之湯的「卵之湯」，因為不會變質的源泉而有絕佳的效果。這家旅館也因為川端康成執筆寫作《雪國》時下榻此處而知名。

松泉閣 花月

[地址] 南魚沼郡湯澤町湯澤318-5
[費用]
1泊2食＝14,000日圓～（税外）
[電話] 025-784-2540
[URL]
www.shousenkakukagetsu.
com

三代都喜愛的溫泉宿

附設露天風呂的房間有五種類型，和洋並蓄的悠閒室內風格，熱情溫馨的款待讓旅程的疲勞一掃而空。可以在房內好好享用使用當地素材的料理，共有四座溫泉。

貝掛温泉

[地址] 南魚沼郡湯澤町三俣686
[費用]
1泊2食＝15,000日圓～（税外）
[電話] 025-788-9911
[URL]
www.kaikake.jp/index.html

具700年歷史的「眼之溫泉」

離越後湯澤站開車約20分鐘，遠離嘈雜、為壯闊自然所圍繞的獨棟旅館，自江戶時代即以「眼之溫泉」而聞名的貝掛溫泉，自鎌倉時代至今已有700年歷史。

里山十帖

[地址] 南魚沼市大澤1209-6
[費用] 1泊附早餐＝21,000日圓～
[電話] 025-783-6777
[URL]

新生活風格提案的旅館

可眺望絕景的露天風呂、使用新潟珍貴的傳統蔬菜做成的料理，再度造訪的回頭客相當多。經營旅館的媒體著重在食、住、衣、農等十種要素，本著「以住宿為媒體」的概念而設立這家旅館，自2014年開始就獲得許多設計獎肯定。

和風いん越路

[地址] 南魚沼市姥島新田840-1
[費用] 1泊2食＝8,640日圓～
[電話] 025-783-2644
[URL] www.koshiji-inn.jp

暖心的家庭式民宿

老闆負責農務與料理，老闆娘負責招呼客人，老太太負責種菜與做漬物，還有十項全能的老先生，全家人一起經營這家民宿。使用當季食材的料理美味而價格合理，也可在此體驗山菜採集、農事與烤肉的樂趣。

温泉御宿 龍言

[地址] 南魚沼市坂戸79
[費用]
1 泊2食付=22,000日圓～(稅外)
[電話] 025-772-3470
[URL] www.ryugon.co.jp

在寬廣的庭園中度過風雅的時光

一穿過大門彷彿來到另一個世界。在四季各有不同風情的庭園中可以優閒散步，溫泉浴池也十分寬廣，讓人在自然風景中可以放鬆心情。料理是使用河魚、山菜和海味等嚴選食材製作的鄉土料理。

友家ホテル

[地址] 魚沼市大湯溫泉282
[費用]
1泊2食=12,200日圓～(稅外)
[電話] 025-795-2111
[URL] www.tomoyahotel.com

洗練風格的室內設計與自豪的料理

14間客房的設計各有不同，位於清流附近可眺望溪景，開湯近1300年的溫泉旅宿。料理調味以不掩蓋素材原本美味為訴求。對音樂也十分講究，每日館內播放的音樂都是特別精選的。

別邸 仙寿庵

[地址] 群馬縣利根郡水上町谷川西平614
[費用]
1泊2食=36,800日圓～(稅外)
[電話] 0278-20-4141
[URL] www.senjyuan.jp

在可以望見谷川岳的自然環境中

日本首次出現的「全室附設露天風呂」的旅館。每間房間都可以望見中庭或谷川岳的美景。具特色的五種浴池是低滲透壓弱鹼性的泉質，對身體有益。這間旅館加盟了Relais & Chateaux頂級精品旅館聯盟。

蛍雪の宿 尚文

[地址]
群馬縣利根郡水上町綱子277
[費用] 1泊2食=17,280日圓～
[電話] 0278-72-2466
[URL] www.syoubun.com

山人料理出色的鄉間旅宿

周圍有四季樹木圍繞，天然木頭與天然石建造的旅館。在向山溫泉「寶珠之湯」中溫暖身體，接著享用身為獵師的料理長做的山人料理。客房從古民宅風到和式皆有。

温もりの宿 辰巳館

[地址]
群馬縣利根郡水上町上牧2052
[費用] 1泊2食=13,650日圓～
[電話] 0278-72-3055
[URL] www.tatsumikan.com

日本畫家山下清喜愛的溫泉旅宿

這裡提供特殊的新潟鄉土料理，使用的炭材與食材極佳，加上達人料理技巧，是一流的溫泉旅館。這家旅館也因為畫家山下清喜歡而知名，大浴場有山下清晚年的剪紙貼繪傑作。

川古温泉 浜屋旅館

[地址]
群馬縣利根郡水上町相俣2577
[費用] 1泊2食=10,800日圓～(稅外)
[電話] 0278-66-0888
[URL] www.kawafuru.com

許多泡湯客熱愛的名溫泉

川古溫泉因為對神經痛、關節痛、風濕等效能絕佳而吸引許多溫泉客。這家旅館位於山間，源泉充沛，源泉直接注入的湯溫適中，即使夏天泡湯也很舒適。

沒有人為破壞的自然環繞下的祕境

北信州榮村 秋山鄉

榮村秋山鄉観光協会 ｜検索

保留日本美麗原風景的山區鄉鎮

信濃川支流的中津川上游,大片絕壁綿延的中津川溪谷,秋山鄉是這周邊錯落的越後7聚落與信州5聚落的總稱。跨越新潟與長野的縣境,東接苗場山(標高2145公尺),西臨鳥甲山(標高2037公尺)的聚落群,因為險峻的地形與豪雪氣候,直到近年與其他地區的接觸仍舊很少。因此,沒有人為破壞的大自然,與古老的風俗習慣仍鮮活的保存下來,可說是化外「桃源鄉」了。

來體會先民的智慧與豐富的溫情,造訪祕境吧。許多絕景名勝,飲食、溫泉與傳統工藝等,只有在這裡才體驗得到的事物正等著你。

秋山鄉多不勝數的景點！

絕景

倒映鳥甲山影的天池（左）與秋山鄉綜合旅遊中心（右）

滿滿不同的四季風情絕景

苗場山與鳥甲山莊嚴的景色為首，擁有諸多絕景名勝。天氣晴朗時鳥甲山與白樺林的倒影映在池中，風光明媚的「天池」，讓人聯想到中國桂林的奇岩「月夜立岩」和可以觀察柱狀節理的「布岩」等溶岩景觀格外出色。此外，兩座比鄰的瀑布「夫婦瀧」、苗場山的雪融水流下形成的「大瀨之瀧」，以及有大蛇傳說的「蛇淵之瀧」等瀑布景點也相當豐富。從架設在中津川絕壁的紅色拱橋「前倉橋」以及木製吊橋「見倉橋」眺望清流也很美麗。

食

鄉土料理（上）與栃餅（右）

山與溪流孕育的鄉土之味

豪爽享用山林的恩惠是秋山鄉地區的習俗。沒有使用肉的「庚申料理」，或者獵熊地區的熊料理，幾乎可以用繩索綁起來的堅硬「秋山豆腐」，與高地種植的蕎麥又是不同味道。使用栃木種子製作的栃餅，還有在米粉漿中加入蘿蔔葉與野澤菜再包餡的鄉土料理「あんぼ」，也是當地人所喜愛的。

湯

切明溫泉的野溪溫泉

從溪谷湧出的祕湯

沿著中津川溪谷湧出的泉質各異的溫泉有七座。「小赤澤溫泉」的特色是富含鐵質的紅棕色溫泉，「屋敷溫泉」是會因為氣候變化而變色的秋山鄉唯一硫黃泉。另外，從河灘湧出熱泉的是秋山鄉最深處的「切明溫泉」，可以在此享受親自挖掘野溪溫泉。

傳統工藝

「秋山雕」所製作的木缽

根植於土地的傳統工藝

生長許多栃木（橡木）的秋山鄉，自古就有許多利用栃木材製作的手工品。以職人親手雕出的秋山木缽為首，現今也還有許多這類的桌子與花台製品。還有多樣豐富的運用草木製作的工藝品。例如用稻草編織的貓簑全國知名，使用山葡萄的藤蔓編織的美麗提包也很受歡迎。

大地藝術祭　全新周邊商品

官方Logo單品　創意總監　佐藤卓（創意設計）

介紹不只藝術祭會期間，平常使用也適合的單品。 ※價格未定，為設計示意圖

環保袋

可重複使用的布質環保袋，尺寸大小適中，便於攜帶，簡單而適用於各種場合。

扇子

逛大地藝術祭時更舒適的好伙伴。炎熱的夏天不可或缺的扇子新登場。可以收納放在包包中相當方便。

付箋

在官方Logo文具小物上貼上付箋。多彩的三角形，各色具有特別意義，是很有趣的小物。

筆記本

以Logo為主視覺，至今未出現過的設計筆記本。自用送禮兩相宜的商品。

大地藝術祭　周邊商品這裡買！

越後妻有里山現代美術館 [KINARE] 賣店

→P88

各種周邊商品大集結的旗艦店

作為藝術祭中心設施的KINARE，大地藝術祭的原創商品，新作的官方Logo單品，以及藝術家商品，大量陳列多種商品。此外也有當地的名產，推薦在此採購土產伴手禮。

梯田天水米越光米
「妻有・米」（2合入）
864日圓

風呂巾（各種）　小 2,592日圓
中 4,860日圓　大 6,048日圓

松代「農舞台」賣店

→P190

越後妻有的米、酒、水 限定商品

在松代農舞台設施中，以米、酒、水為主題的限定商品登場。除了梯田保育計畫「松代梯田Bank」所採收的米，還有新潟產的米與水所製造的地酒。

梯田Bank米
越光米
1kg 1,080円
5kg 5,400円

地酒 天神囃子
純米吟釀酒 720ml 3,240円
特別純米酒 720ml 3,780円

奴奈川校園賣店

→P166

今年首度公開，還有他處沒有的限定商品

設有官方旅行的午餐會場的奴奈川校園，除了可以購買藝術祭巡遊中需要的服裝與小物，還可以選購以奴奈川為據點的女子足球隊「FC越後妻有」的專屬商品，以及相關藝術家的周邊商品。

FC越後妻有
制服
價格未定
＊設計可能有所變更

「大地的贈禮」
T恤
3,000円
托特包
2,160円

繪本與樹木果實美術館　賣店

→P108

從繪本世界跳出來的 全新原創商品

以粉絲期待的Toperatoto布偶為首，還有山羊手帕等新商品登場。此外，光是看著就很開心，濃縮了繪本與樹木果實美術館魅力的作品相當多。

Toperatoto布偶
價格未定

山羊手帕
價格未定

※價格皆為稅內

快來下載大地藝術祭APP！

為什麼作品要設在那個地方？什麼是大地藝術祭？

所有這類疑問與作品的意義、故事，可以透過手機、GPS，以多語、有聲的方式親近了。

讓大地藝術祭導覽手冊更方便的公式APP終於登場！

也有免費體驗版，先下載體驗看看吧。

 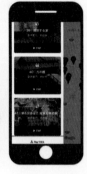 

日本語／英語／中國語（繁體／簡
體）、本編（主要40作品以上）
需付費
部分費用將作為藝術祭舉辦經費

此APP為iOS系統

認識藝術祭

越後妻有的往昔與今日

歡迎光臨越後妻有

歷經20年藝術祭的今日與未來展望

關於越後妻有

大地藝術祭的歷史

有關「大地藝術祭之里」

2000年舉辦第1屆的大地藝術祭至今約20年，今年已邁向第7屆。到底歷經何種過程，有什麼樣的背景故事，現在正進行哪些計畫，而未來走向會是如何？關於這個世界上極稀有的成功案例，在此介紹相關的訊息。

里山與藝術所引導的地域未來

大地藝術祭執行委員長

關口芳史

　　世界最大級的國際藝術祭「越後妻有大地藝術祭 2018」即將展開。在上屆會期中，有近51萬人從各地前來，造訪錯落在里山間的藝術作品，無論是接觸梯田、里山的自然環境或者是雪國的飲食文化，或者是跟當地居民的交流，都能親身感受到越後妻有的美好之處。

　　我們秉持著「人類包含在自然之中」的基本理念，自2000年開始每三年舉辦一回藝術祭，重新發掘本地區許久不為人知的價值，並將之發揚光大。

　　這次會期我們再度回歸原點，發掘豪雪堆積的自然環境下人們一脈相傳的生存智慧與技術，製作讓人感受到這些生活智慧與歷史的作品。

　　另外，追求均質化與效率的現代社會，各地區的獨特性逐漸消失，但這也是重新思考的轉機，我們將之化作在越後妻有里山現代美術館〔KINARE〕所陳列約30件作品的「2018年〈方丈記私記〉」展覽，在各自四帖半榻榻米的空間展開多樣化的展覽。

　　而越後妻有與國際交流的據點，在原有的澳大利亞之家以外，還增加了中國之家、香港部屋。以世界各國藝術家為首，海外各機關組織與贊助者和這個地方緊密牽繫起來。讓人忍不住期待越後妻有，甚至是日本今後會產生何種新的可能性。

　　20年前首度舉辦大地藝術祭時，完全無法想像越後妻有日後會產生如此大的轉變。請大家務必前來，透過五感親自體會日本原風景的里山與現代藝術交織的大地之魅力。

舉辦引以為豪的藝術祭

大地藝術祭總製作

福武總一郎

　　這次將迎向第7屆的「大地藝術祭」，與即將在2019年舉辦第4屆的「瀨戶內國際藝術祭」，無論在國內或海外，都是眾所矚目的藝術祭。近年來，從支援志工「小蛇隊」成員與造訪遊客的比例可看出，特別受亞洲各國關注。

　　對於偏重經濟發展、過度集中於都市的世界共通之現代社會課題，在嚴苛的自然環境裡，保有自身獨特風土與文化的越後妻有土地上，持續宣傳其魅力的大地藝術祭，作為透過文化藝術振興地方的嶄新模式之一，在世界上也已扎下根基。

　　在國內，也有很多居住在都市的年輕人造訪藝術祭。他們探訪這些具有思考現代社會問題的內涵或者挖掘土地的歷史與風土的極富寓意與批判訊息之現代藝術作品，與在地的長者交流或接觸當地文化，正是思考何為真正的富裕與幸福，或者是重新審視的良好契機。

　　在現今世界情勢與國內政治、經濟等持續停滯不前的情況下，希望透過大地藝術祭能更加推廣這些概念：抱持「經濟為文化之僕」的想法，推動「活化既存事物，創造未有的事物」的理念，「讓生活達人的長者露出笑容的社會才是真正的幸福」，將這些想法更擴及全世界。

歷經20年藝術祭的今日與未來展望

大地藝術祭總監製

北川富朗

在此說明有關藝術祭至今的經過與本屆的特色吧。

自從2000年舉辦第一次「大地藝術祭」開始，之後就是以三年展的形式舉行，本屆已經邁向第7屆了。

在全球化的經濟環境下，地方因為農業衰微與過度追求效率化，而被迫處於極惡劣的境地。為了讓地方恢復元氣，必須讓當地居民對歷代祖先營生與生活的方式感到自豪，我們考慮這點後，讓藝術家們去發掘這地區的地形、氣候、植被、務農方式以及飲食的特色，創作出一看就懂得特點為何的作品。而製作作品的過程中也讓當地人們得以學習交流，協同合作。遊客為了實地體驗這些作品而到訪漫遊，以此為主軸，開始了每三年一度的祭典。地方上的人們也非常期待，這是辛勞工作後的慶祝祭典。

很幸運的，地方上的年長者們大多數越來越喜歡每三年一度的慶典，而且不少遊客並非三年才來一次，每一季都造訪的回頭客也不少。世界上數一數二的豪雪地，位在狹長的日本島上的偏僻地域，在極辛苦的情況下種植稻米，養育許多人的里山擁有的魅力不只吸引了都會的年輕人與跨越世代的人們前來拜訪，近年外國訪客也不少，並將此地視為地方創生的典範而讚揚不已。

此外，不只有藝術作品，地方上的鄉土料理和戲劇、舞蹈、音樂等高品質的表演也是吸引人之處。

因此，也能看見參展藝術家們作品的演變。第1屆當中，多為適合展示在美術館的作品，處處可見較都會、具啟蒙意義的作品，漸漸地藝術家的作品感覺跟這塊土地越來越親近。這種變化是，向來只在美術館或藝廊等「白盒子」中進行實驗性展示的藝術家，開始敏銳感受積雪深、人口外流等環境變化，直接面對受到全球化經濟衝擊而被國家所捨棄的土地，他們開始思考如何對這種現實情況做出對應。自阿爾塔米拉洞窟、拉斯科洞窟以來，藝術就是表現自然或文明與人類間的關係，人體或者延伸至使用器具的方法、技術，也會讓人聯想起這些。也因此，就可以理解飲食與相關的儀式作品為何增加了。

此外，越後妻有在政治、經濟、宗教、文化方面是疏遠的邊陲地帶，流亡至此地的人為了生存，將崩塌的山坡地開墾為梯田，將河流截彎取直新闢瀨替田，人工挖掘隧道引水，成為日本第一的稻米之鄉。在山上開闢彎曲的道路，鑽掘隧道，設置防止雪崩的柵欄，奮力架設明隧道以和其他地方保持往來，這在封閉的地區至為重要。

在這樣嚴苛現實條件下，順勢產生了不少場域特定藝術作品，這也成為越後妻有地藝術作品的特徵。第1屆的藝術祭當中，磯邊行久表現過往蛇行蜿蜒的河道之作品《河川到哪去》之後，這屆的藝術祭再以現信濃川的連續作為首，使用空屋表現作品的瑪莉娜·阿布拉莫維奇《夢之家》；為了向不論在多狹窄的斜坡地都能開拓農田的農民致敬的伊利亞·艾密利亞·卡巴科夫《梯田》；利用過往曾是700名學生規模的廢棄學校創作的克利斯蒂安·波爾坦斯基＋將·卡爾曼《最後的教室》；完美活用老房子堅固結構的安東尼·戈姆利《另一處奇點》；因為毀壞只得解體最後成為當地寶物的鞍掛純一＋日本大學藝術學部雕刻組學生與志工的《脫皮之家》；開心喚起小學生的回憶的《鉢＆田島征三·繪本與樹木果實美術館》等等作品所連結的，是土地的特質與氣候、植被、農業、生活的層次，在嚴苛的現實中包括時間的推移在內的表現開始產生。

本屆的藝術祭，提供可以輕鬆參觀新作以及上述這些作品的官方旅行行程，分別是鮭魚溯溪路線（信濃川·河階台地篇）與羚羊山間路線（里山·土木篇）兩個套裝行程。如此來訪遊客可以有所選擇，或者是選擇兩種行程，親身感受全部作品。

地球環境的惡化已經到了極限的今日，全球化經濟讓各種文化的基礎流失，所有價值均質化且注重效率的規則之下，我認為越後妻有在這種情況下，成了必須以藝術做嘗試的地方，而這對都會的人們或許有吸引力，所以這些作品成了三年一度的慶典內容。

正如我所說的，我們處在沒有出口的時代，而且感到不停往下滑落卻不見盡頭的痛苦之中。這個就是以前鴨長明《方丈記》所書寫，地震、火災、飢饉與戰火頻仍的中世那時代的感受吧。另外，這讓我想起在二次世界大戰中，邊讀這本《方丈記》邊思考生存意義的堀田善衛的《方丈記私記》(1971)。長明住在四帖半（方丈）的草庵，在那個小小的空間中凝視著世界。這回藝術祭的新嘗試展現的就是「2018年〈方丈記私記〉」展。同時這也是讓面臨險峻狀況的十日町市區走向重生的思考契機。

與這個企畫展的相關活動，尚有領導日本流行樂的小林武史製作、以柴田南雄作品《川流不息》為本的現代新交響組曲。柴田是日本戰後代表性作曲家，他是日本最早引進歐洲前衛音樂的人，也是在日本推廣現代音樂的開拓者，之後在音樂生涯中努力採集日本民謠，參加與協同合作產生音樂劇類型的作品。小林繼承了柴田作品的精神，創作與現代共鳴的音樂。

其他新的嘗試有，以這4年間持續的森林綠蛙俱樂部的里山散步活動為基礎，從松代「農舞台」擴展到整體城山的漫步、植樹、移植野生植物、遊憩體驗，或者農田農務體驗等內容，開始進行以地域整體來思索的田野博物館活動計畫。

特別是香港特別行政區在津南地區設立了香港部屋，對地域的關照為整體性的。而韓國公州市17年間持續以「自然藝術」為主題創作的韓國自然藝術家協會「YATOO（野投）」所製作的，8國10人藝術家團隊以川西的NAKAGO Green Park為中心創作作品。

接下來，還會有各種地域課題與地方計畫相關的企畫案準備開始進行吧。在此先跟大家報告。

自從1996籌備「大地藝術祭」以來，遇到的課題年年增加，而且也越來越具體。除了小蛇隊以外，在以企業人士為中心的企業支援團體熱烈協助下，地方創生開始有了更完整、多樣面向的發展。外國訪客與支援志工增加，各個地方的人們不分彼此，在各自的展望下與行政體系一同推動，這是最重要的。今年的大地藝術祭一定會越來越有趣的，請大家務必前來一遊。

關於越後妻有

放眼望去是廣大的里山與梯田，被視為日本人的原風景的越後妻有，景觀充滿了先人的智慧與努力。一旦接觸就能發現這個地方的文化與歷史之豐富，讓旅行更增添樂趣。

「最後盡頭」的歷史

越後妻有這個地名，是由新潟縣在過去的行政區劃為「越後國」，加上古文獻記載本地為「妻有庄」，合起來就通稱「越後妻有」。過去由十日町市、津南町、川西町、中里村、松代町、松之山町等六個市鎮組成，2005年津南町以外的五個市鎮合併，現在指的是十日町市與津南町。

一如位於十日町市的笹山遺址出土的國寶火焰型陶器所示，這一帶從草創期到因為繩文文化而繁盛前，和出雲勢力有著很強的關係，隔著日本海半島與大陸獨自交流。然而隨著時代演變受到各種勢力的控制與影響。特別是鎌倉～戰國時代平家沒落開始，戰敗國的人民和因戰亂流浪的人民逃竄進入山區，許多人好不容易才抵達這個地方（因為也有一種說法是，這裡是「再也無法往前的盡頭」，「妻有」的語源就源於此）。

從米、織物到藝術

越後妻有位於新潟縣南端，從現今的新潟市沿信濃川往上約100公里處。平坦的耕地極少，冬季平均積雪2.4公尺，標高最高的村落甚至經常出現高達4公尺的積雪的豪雪地帶。即使如此，在此營生的人們還是彼此合作組成聚落。在斜坡地開墾梯田，將蛇行彎曲的河道截彎取直，新

闢沖積地為瀨替田。在河岸岩壁挖洞,引水灌溉的山溝。越後妻有的農地歷經數世代的百姓注入大量的勞力。

　　同時,織物也是當地重要物產,承襲繩文時代苧麻布所流傳的麻織品產業,是冬季農家非常重要的生計;在春天的殘雪上曬布,更是獨特的風情。江戶時期傳統的越後縮(麻織品)生產量大增,十日町因為布匹販賣而繁榮。19世紀以後,紡織業從製麻改為養蠶,奠定大正、昭和時期,越後妻有成為蓬勃的絲織品產地的基礎。

　　然而歷經戰後復興、高度成長時期後,人口往都市外移。可是到了改變社會與產業結構的1970年代,紡織產業事業體及生產量只有逐年下滑。越後妻有這樣面臨年輕人外移、人口高齡化,而使共同體的力量逐年衰退的危機。到了2000年,越後妻有開始地方再生的契機,當年開始舉辦的大地藝術祭,為這裡注入新的氣息。

大地藝術祭的歷史

從第1屆舉辦至今已有20年。在目前為數不少的藝術祭當中，大地藝術祭以極富特色的典範案例而受到高評價。但一路走來絕非坦途，在此回顧成功與苦難，達成與摸索的歷史。

1995～1999年：藝術祭前史
振興地方與透過藝術造鎮

1994年，十日町市、川西町、津南町、中里村、松代町、松之山町這些「十日町廣域行政區」，被新潟縣列為推動地方振興的指定區域。翌年，縣與六個市町村決定不以短期的公共建設而以長期的文化事業為優先發展目標，任命已經在東京立川市具有透過藝術進行社區營造實績的北川富朗為營運委員。1.各地特色的再發現，2.居民參與共同事業，3.建立各地的據點舞台作為主支柱，因應新潟縣的要求，北川啟動了這些計畫，再加上「越後妻有藝術之鍊構想」，以這些為基本，致力於六個市町村的各自課題。然後將這些市町村的活動成果以藝術的方式統整，每3年發表一次。這就是「大地藝術祭」的開端。

2000～2003年：第1屆・第2屆
批判與成果，藝術祭的再出發

為了實行藝術祭而展開的另一方面，就是居民對「以藝術進行社造」抱持的懷疑。因此舉辦了超過2000場的說明會與會議，更因為志工團體「小蛇隊」的誕生，地方與外地前來的人產生了各種協同合作。接著在2000年舉辦第1屆活動。在梯田等其他人的土地上製作作品促進了協同合作，在廣大區域展開藝術與旅行，這種易親近的發現引發共鳴，來場人數超過16萬人，獲得極大的成功。接下來的2003年第2屆，《松代雪國農耕文化村「農舞台」》等據點成為具體呈現各地特色的場所，發展意識開始從「創造」轉變成「持續下去」，人們也慢慢見識到這個在世界上也算是極具特色的藝術祭。

2004～2009年：第3屆・第4屆
中越大地震，摸索如何自立

舉辦第2屆的翌年，2004年，發生了中越大地震。被稱為「幫助大地」的受災地復興活動與地方之間建立起信賴關係，這也造就2006年第3屆開始進行「空屋計畫」的因緣，得以在私人場地的家屋中展示作品。此外，2008年為了讓三年一度的藝術祭整年都能營運，於是成立以地方自立為目標的NPO法人，更在餐飲、宿泊、周邊商品與名產的製作販售以及作品維護上雇用人手經營，肩負地方發展的責任。另一方面，舉辦第3屆時從新潟縣獲得的補助也結束了。2009年舉辦第4屆時，藝術祭的總製作福武總一郎呼籲企業贊助與故鄉納稅捐贈，摸索如何更自立的運作方式。

2010～2017年：第5屆・第6屆
跨越陳規，往新的舞台發展

2010年設立大地藝術之里檢討協議會，對於藝術祭與農業、觀光如何合作提出建言。眾人進一步理解，作為行政施行的政策，這不只是文化事業，而是得持續進行地方營造。另一方面，因為自第1屆以來藝術祭已經過10年，為了不讓作品內容看起來千篇一律，2012年的第5屆活動，對於創作者、作品件數等皆加強監製與強化，另外，KINARE也改修為美術館，全面宣傳「里山整體即美術館」的概念。而且也是這個時候開始與其他藝術祭合作，2015年第6屆更加深合作。2010年開始舉行的瀨戶內國際藝術祭，人際的交流與來客數的相乘效果遍及亞洲的藝術網絡，促進了2017年展開的北阿爾卑斯國際藝術祭與奧能登國際藝術祭跨越地域的協同合作與參與。而除了2009年開幕的澳大利亞之家，2016年的中國之家，以及今年2018年完成的香港部屋，與海外國家或地區持續的交流更加活絡。而主要以年輕的創業者或經營者發起的官方支援團隊，在他們的支持下，藝術祭邁向了新的舞台。

藝術祭只是其中一部分
有關「大地藝術祭之里」

越後妻有在藝術祭以外也有許多活動與計畫進行，這些舉行活動的地方等整體統稱為大地藝術之里。本書簡略介紹相關重點。

強力支援藝術祭的19位「官方支援團隊」

　　參與藝術祭資金籌措、宣傳等活動的有「官方支援團隊」。成立始於2014年，以官方支援團隊代表高島宏平（Oisix大地株式會社代表取締役社長）為首，有IT企業經營者、創業者、時尚界模特兒、媒體記者、建築師、作家等各界領袖參與。眾人各自在擅長的領域發揮，支援藝術祭活動。

官方支援團隊之會（省略敬稱，排列順序為姓氏日本五十音順）

代表：高島宏平（Oisix大地株式會社代表取締役社長）

團員：安部敏樹（株式会社Ridilover 代表／一般社團法人 Ridilover 代表）、安藤美冬（自由作家）、石渡晃一（自由業）、押切萌（時尚界模特兒）、乙武洋匡（作家）、佐藤大悟（一般社團法人 JAPANGIVING代表理事）、佐別當隆志（一般社團法人SHARING ECONOMY協会事務局長）、田中里奈（時尚界模特兒）、谷尻誠（SUPPOSE DESIGN OFFICE Co.,Lrd. 代表）、為末大（前陸上選手／一般社團法人 Athletes Society代表理事／株式會社侍代表取締役）、津田大介（記者／媒體活動家／Politas編集長／愛知三年展2019 藝術監督）、成瀬勇輝（株式會社on the trip代表取締役）、福武英明（公益財團法人福武財團副理事長／株式會社Benesse Holdings取締役）、坊垣佳奈（株式会社Makuake取締役）、山野智久 (asoview!株式会社代表取締役社長)、橫川正紀（株式會社WELCOME 代表取締役）、吉田浩一郎（株式會社CrowdWorks代表取締役社長兼 CEO）、吉松徹郎（株式會社istyle代表取締役社長兼CEO）

保育美麗的梯田
「松代梯田BANK」

「松代梯田BANK」是為了維持並保育因為人口外流、高齡化而無人照顧的梯田,徵募梯田里親幫忙耕作的組織。因為可以體驗種植稻米至收穫的一連串作業,所以活動很受都市人歡迎。100平方公尺的面積一年平均可收穫37.5公斤的米,會收到配給的稻米。自2003年以來,目前里親數為個人345口,企業8家,耕作面積達到804公畝(約有8甲地),是日本梯田BANK組織當中規模最大的。

松代梯田BANK稻田收割的情景,背景為卡巴科夫的作品《梯田》(P195)

將負面遺產重新活化
「空屋、廢校計畫」

人口外流、高齡化,外加自然災害因素,讓空屋與廢校數量更增加了,藝術祭基於「活化原有事物,創造新的價值」的思考,將這些空間利用藝術作品再生。全年間有25間空屋與10所廢校化身為美術館、餐廳與宿泊設施運作著,人們聚集在這裡,成為地方居民活動的空間。此外,藝術祭也與學校合作,十日町高校松之山分校主張「以藝術為教材的教育」,協助地方與具特色的教育學程,2018年發展為社會人士講堂。

空屋計畫之一,《產土神之家》(P058)的模樣

在雪地上展示的作品
《Hidden Village》

《越後妻有 雪花火／
Gift for Frozen Village2018》的景況

藝術不只在夏天
冬天祭典「SNOWART」

　　秋天將梯田的稻穗染成一片金黃，冬天驚人的雪把放眼望去的世界全變成銀白。春天雪融的野山一齊散發花與香氣。大地藝術祭之里一整年都豐富精采，雖然活動期間只有50日，但只是這塊土地上的一小段時間。

　　大地藝術祭之里不只有夏天，全年都舉辦各種活動。其中最具代表性的，就是透過藝術的力量將世界數一數二的豪雪地這個特徵，轉化為越後妻有的冬天節目「SNOWART」。除了在冬天夜空中閃耀色彩的「雪花火」，還有讓銀白世界更繽紛的藝術作品展示，每回節目都十分充實。地方婦女所提供的「雪見御膳」頗受好評，來訪遊客還可以接觸如何度過嚴寒的生活智慧集結的雪國文化。2018年2/24～3/11在越後妻有里山現代美術館〔KINARE〕、奴奈川校園與當間高原度假中心舉行，極為盛大。

平成30年度 文化庁
国際文化芸術発信拠点形成事業

伍集成文化教育基金會
C. C. Wu Cultural & Education Foundation Fund

康樂及文化事務署
Leisure and Cultural
Services Department

藝術推廣辦事處
—
ART
PROMOTION
OFFICE

HONG KONG

Hong Kong Economic and Trade Office
Tokyo

あなたに夢を。宝くじ 街に元気を。
クーちゃん

hubart
瀚和文化

一般財団法人地域創造

公益財団法人
内田エネルギー科学振興財団

文化庁文化芸術振興費補助金
（劇場・音楽堂等機能強化推進事業）
独立行政法人日本芸術文化振興会

公益財団法人
アイスタイル芸術スポーツ振興財団

Australian Government

Australia
now

Australian Government

蒼日交流基金
Australia-Japan FOUNDATION

ifa Institut für
Auslandsbeziehungen

frame contemporary art
finland

INSTITUT
FRANÇAIS

AMEXCID
AGENCIA MEXICANA DE
COOPERACIÓN INTERNACIONAL
PARA EL DESARROLLO

SRE
SECRETARÍA DE
RELACIONES EXTERIORES

綠蠹魚 YLF57

大地藝術祭越後妻有三年展 里山藝術巡禮
2018 OFFICIAL GUIDEBOOK

監修 北川富朗＋大地藝術祭執行委員會

〈繁體中文版編輯團隊〉

譯者／張玲玲、謝晴、遠流日文館
主編／曾慧雪
行銷企畫／葉玫玉
美術編輯／陳寬華、陳春惠

〈日文原版編輯團隊〉

編輯・執筆／小倉裕介［現代企画室］、
　　　　　　岡澤浩太郎＋中村志保
編輯協力／株式會社Art Front Gallery、佐藤恵美、
　　　　　山田TSUTOMU［Santa Create］
設計／田部井美奈［田部井美奈デザイン］、
　　　アベキヒロカズ［ABEKINO DESIGN］
製作／則武優［現代企画室］
插圖／nakaban
地圖設計／河合理佳

發行人／王榮文
出版發行／遠流出版事業股份有限公司
　　　　　100臺北市南昌路二段81號6樓
　　　　　郵撥／0189456-1
　　　　　電話／(02)2392-6899
　　　　　傳真／(02)2392-6658
法律顧問／蕭雄淋律師

2018年7月15日　初版一刷
售價新台幣380元
ISBN 9789573283171

Echigo-Tsumari Art Triennale 2018 Official Guidebook
Copyrights © 2018, Echigo-Tsumari Art Triennale Executive
Committee /
GENDAIKIKAKUSHITSU PUBLISHERS
All Rights Reserved.
First published in Japan in 2018 by Gendaikikakushitsu
Publishers.
Complex Chinese translation copyrights © 2018 by Yuan-
Liou Publishing Co., Ltd.

國家圖書館出版品預行編目 (CIP) 資料

大地藝術祭越後妻有三年展：里山藝術巡禮／北川富朗，大地藝術祭執
行委員會作；張玲玲，謝晴譯。-- 初版。-- 臺北市：遠流，2018.07
　面；　公分。-- (綠蠹魚；YLF57)
　譯自：大地の芸術祭 越後妻有アートトリエンナーレ 2018 公式ガイド
ブック
　ISBN 978-957-32-8317-1 (平裝)

1. 旅遊 2. 藝文活動 3. 日本新潟縣

731.73209　　　　　　　　　　　107009586

Photo Credit

Tsukasa Aoki… P.作品導覽 E072

Shigeru Akimoto…P.43_5、［作品導覽］T173

Shigeo Anzaï…P.47_3-4、P.79_下、P.213_左下、
P.237_1-2、［作品導覽］A001、D001、D003、D006、
D013、D015-016、D047、D051、D053-054、D058、
D061、D068-070、D099-102、D104、K005、K012-
013、M001、M011、M014、N001、N008、N010、
N012、N016、T067、Y002-003、Y005-006、Y011、
Y013_左、Y019、Y023、Y026、Y029、Y035

Shigemitsu Ebie…P.49_9、［作品導覽］D060、M037、
N019、T120

GRUPO OSBORNE, S.A.……Y106

Kazue Kawase… ［作品導覽］D143、K034

Bungo Kimura…P.212_右上、P.213_右下

Keizo Kioku… ［作品導覽］Y109

Takeshi Kobayashi… ［作品導覽］D132

Hironao Kuratani…P.30_右上、［作品導覽］N028、
T112、T154、T200、Y052

Hiroshi Hatori… ［作品導覽］E066、E077

Takashi Hatakeyama… ［作品導覽］T268

Gentaro Ishizuka…P.54_上、P.110中 - 下、P.130_上、
P.145_下、P.206、P.210_上、P.213_右上、P.237_3、
［作品導覽］D317、D322、D328、D332、
K087、M043、M052、M056、T295、T309、T317、
T321、T325-326

Takayuki Matsuyama… ［作品導覽］E078

Takenori Miyamoto + Hiromi Seno…P.45_10、P.237_4、
［作品導覽］D184、D194、D217、M024、N052、
N056、T214、Y065、Y069、Y072

Nobuaki Nakagawa… ［作品導覽］T025

Osamu Nakamura…P.30_左、P.31_下、P.54_中、P.65_
下、P.82_中 - 下、P.130_下、P.143_下、P.163_上 - 下、
P.182、P.254_右 - 左、［作品導覽］A003、
D060、D209、D247、D312、E064、M019、N059-
062、T134、T221、T224-230、T280-281、T304、
Y013_右、Y082

Kasane Nogawa…P.1～16、P.53、129、211、239

Hiroshi Noguchi…P.30_中、P.126_下、P.161_中

Mikihiko Shirohara…P.25_右、P.167

Shota Takamine… ［作品導覽］T275

Tsutomu Yamada…P.81_下

Takashi Yamagishi…P.66_下

Sotaro Yamamoto…P.130_中

Ayumi Yanagi…P.25_中右、P.45-9、P.119_下、P.212_
左上

無特別標註之圖片，由大地藝術祭執行委員會提供
P.214～235之圖片，除店家與設施提供之外，其他為日
方編輯部拍攝

#STORAGE 可收摺

448g
LIGHT WEIGH

1=2
2 BAGS

A4
14" LAPTOP

WATER RESISTANT

官網限定

THE JOURNEY IS LIFE ITSELF

DAMPER

360°